日本人は日本を出ると最強になる

海外で働こう、学ぼう、暮らしてみよう！

吉越浩一郎

GENTOSHA

はじめに

この本を手に取った方は、程度の差こそあれ「海外で働く」ことを考えておられるのでしょう。そういうあなたには、大いに海外に飛び出していってほしいと思います。私自身、学生のときのドイツへの留学体験、外資系の企業に勤務し香港で働いた経験から、海外で得られるものは大変大きいという実感があります。

ですが、誤解しないでください。私は、ただやみくもに海外に憧れをもって、「海外に出なければいけない」と言いたいわけではないということです。それが日本であれどこであれ、「自分が置かれた〝場〟で何ができるか」を充分に考えて、力を尽くすということが必要なのは間違いありません。

そのうえで、海外で働くということを視野に入れると、「人生の可能性はこんなにも広がりますよ」ということを言いたいのです。まっただ中にいると気づかない、日本という国の特性を客観的に見れば、まさに「ガラパゴス」。本文中で詳しく述べますが、日本の常識が世界の非常識であることの、なんと多いことでしょう。ちょっと考えてみてください、ガラパゴスは、その地にすむ生物たちが特殊な進化を遂げていることが特異なのです。日本も然《しか》り、この島国に住む人間が特殊な進化をし続けているのです。その特異性に気づくには、海外生活を経験することが一番だと思います。

働く場の選択肢として海外を加えてみる、そして、そのまま海外で働き続けるのもいいでしょう。将来日本に帰るのもいいでしょう。そのときは、日本という国を客観的に捉えられる目になっているのは間違いありません。そのうえで、日本で大いに活躍していただけると思うのです。

特に若い世代には、どんどん海外に出て働いてほしいと思います。もちろん、海外で働くということにはさまざまなハンディがありますから、そのための準備が必要です。こうした準備、気構えのようなことも記していこうと思います。

私は、リタイア後、年の半分ほどを妻の故郷である南フランスで過ごし、フランスでの生活を大いに楽しんでいます。でも、それも若いときに海外で仕事をした経験があったからです。同じように、働き盛りの年代にこそ、日本を離れるということを選択肢のひとつとして考えてほしいのです。さらに別の観点から見て、これから私がビジネスをするのに、その場所はどこがよいかと考えれば、海外を選ぶと思います。それは、さまざまな面から見て、海外のほうが結果を出せる可能性が高いからです。

私は日本という国が好きですし、決して日本を見捨てようと言っているのではありません。

ただ、豊富な海外経験を持てば日本という母国を客観的に見ることができますし、より一層日本を楽しむことができるようになると思います。日本人は、日本を出てこそ強くなる、最強になるのです。そういう日本人が増えることで、現在の日本のある姿を打ち破ることが可能になり、日本がよい方向に変わる原動力になるのではないかと思うのです。

さあ、海外に出て、見て、働いてみようではありませんか。

日本人は日本を出ると最強になる　目次

1章 海外でも仕事ができる人10の条件

2章 外国人にも負けない人10の特徴

3章 海外で暮らすと得られる10の幸せ

4章

日本にいてはもう成功できない10の理由

5章 日本をもっとよくする5の提言

装幀 石間淳
DTP 美創
協力 本郷明美

1章

海外でも
仕事ができる人
10の条件

1 外国人を怖がらない人

日本人には、「外国人をなんとなく怖がる人」「外国人が苦手な人」が多いと思います。同じ人間なのに、どうして怖がってしまうのでしょう？

やはり言葉への自信のなさがその理由として大きいと思いますが、それに対しては、語学力がどうのこうのと言う前にまず「慣れ」が大事だと思います。外国人に苦手意識を持ち、話をする前からあがったりしてしまうと、わかる言葉もわからなくなってしまうからです。

ヨーロッパに行って、赤ちゃんを抱っこしたお母さんに会ったとき、抱かれた赤ちゃんが目を大きく見開いて、驚いたように私を見ていました。可愛いので、こちらが笑いかけたら、顔をお母さんの胸にうずめるようにして逃げてしまいました。これは日本人にとっても同じことで、見慣れない外国人には気が引けるものなのです。

パーティでも、外国人に臆することなく話しかけることができる日本人はまだまだ少ないと感じます。性格もあるのでしょうけれど、やはり英語でのコミュニケーションに不安があるということは大きいのかもしれません。

だからといって、「英語を話せるようになったら」と言っていると、いつまで経っても前に進めません。外国人に気後れしないためには「慣れ」しかないのです。私は英会話スクールに通うより、必要に迫られてなんとか英語を話す努力をしているほうがずっと早く上達すると思っていましたが、スクールも「慣れ」のためと割り切れば、それなりに有効であると思います。

余談ですが、生まれてはじめて海外に出てハイデルベルクに住み始めた頃、金髪の女性がやたらと美人に見えたことを覚えています。とにかく、やけに美人が多い街だと思いました。

ところが、3か月経った頃でしょうか、ある日突然、あれだけたくさんいた美人がいなくなってしまいました。そうです、要は金髪の女性に慣れてしまったのです。金髪がとてもきれいで、私好みの小柄な女性を「タイプ」だと思っていたのですが、見慣れてくるうちに、口のまわりにうぶ毛が見えたりしてきて幻滅したことを覚えています。

慣れれば、見えなかったものもおのずと見えてくるものです。

ときには、夜の酒場に行くのもいいかもしれません。ドイツに留学していた頃、日本でいえば「一杯飲み屋」のような安い居酒屋に行って、しばらく飲んでいると、50代くらいの男の人たちがよくドイツ語で話しかけてきてくれました。

私が留学していたのは1969年から71年にかけてですから、もう40年以上も前の話です。その当時50代だった彼らは若いとき第二次世界大戦に出征していたのです。日本人を見るとなんとなく親しみを覚えたのでしょう。しばらく話しているうちに、話が盛り上がって、

「お、次回はイタリア抜きでいこう」

なんてジョークを言い合っては、ビールをよくおごってもらったものでした。1ドル360円の時代、貧乏学生には大変ありがたかったものです。

こんなコミュニケーションも「慣れ」には大変役立ったと思いますし、まだおぼつかないドイツ語でしたから、多少なりとも上達に役立ったかもしれません。

要は、外国人もひとりの人間と気楽に考え、まずは一対一で対応できるように考えればいいのです。そうしたら、次は、もう少しきちんとした言葉で話すことを考えられるはずです。

日本人同士でも、重要なのはコミュニケーションです。外国人が相手でもそれはまったく同じです。観光でしたら、カタコトで身振り手振りでもよいかもしれませんが、ビジネスとなるとそうはいきません。確実な交渉のためにはお互いの言葉を充分に理解し、相手の意味するところを把握できることが必須条件です。

現在、仕事上では英語が共通語となっています。ですから、「英語を話せる」ということは、必要最低条件です。もちろん、その土地固有の言語がある土地に行っても単に仕事をするだけと割り切って限定するのならばともかく、その場所でそれなりの生活をして、人生を大いに楽しもうというのなら「When in Rome, do as the Romans do」、「郷に入っては郷に従え」です。

例えば、イタリア語、フランス語、ドイツ語など、その国固有の言語を話すことも必要になってくるでしょう。その土地での近所付き合い、事務所のスタッフのご家族との付き合いなど、さらにうまくやって、自ら楽しんでいくには、その国の言葉を話せることがまた大事であるということは、日本国内でも同じように感じられることなのではないでしょうか。

英語以外の言語を母国語とする人と仕事をするとき、英語を使うメリットは、相手にとっても英語が「外国語」ということです。お互い外国語で話すわけですから、多くの場合、そうそううまくはありません。同じペース、同じレベルで話せる、つまり充分にお互いが理解できるということですから、逆にデメリットが少ないといえます。私はドイツ語もなんとか話せますが、仕事上でドイツ人相手にドイツ語でやろうとしたら、完璧に負けてしまいます。それは私にとって単純に不利ですし、私が働く会社にとっても絶対によくないことだと信じています。

ドイツ語をネイティブに話せるほうが、意図的に速いペースで話すことになり、話を有利な方向に持っていってしまうことになるからです。ですから、第三国の言葉で話すことによって、「言葉の有利さ」で意思決定がどちらかに傾かないようにすることが必要なのです。そのようなとき、やはり多くの場合、中立的な言葉として英語が使われるのが常識となっているわけです。

もちろん、イギリスやアメリカで仕事をするなら、英語でそれくらいやり合わなくてはいけないのですから、さらに英語力をつけなければいけません。私が香港のトリンプで商品開発を担当していた当時、日本のトリンプで、同じく商品企画を担当するトップはイギリス人でした。彼とは英語で何度も電話でやり取りをしないといけない羽目に陥り、説得するのに苦労したことを昨日のことのように思い出します。

ところで、私がドイツに留学していた頃、ドイツ人の彼がいる日本人女性は結構いたのですが、逆にドイツ人の彼女を持っている日本人男性は皆無でした。相手とのコミュニケーションの壁が大きかったということだと思います。外国人のカタコトのドイツ語で口説かれる女性というのは、その女性の想像力がよほどたくましいうえに、すべてを好意的に受け取る性格でない限り、まずいないでしょう。逆に日本人女性がドイツで暮らし、ドイツ語で熱心に口説かれれば、その男性を好きになるのもわかります。

それに対して、お互いにドイツ語が「外国語」であり、同じように拙《つたな》く、間違う男女なら、どちらかに偏らずフラットに恋愛をしやすいのです。私とフランス人の妻の場合、そういう関係だったわけです。言葉の有利さがお互いの関係に影響する、ということはビジネスも恋愛も一緒、ということになるのでしょう。

海外で働くならば、当然「英語は必須」。英語以外の固有の言葉がある国ならば、その言語も話せたほうがいいと考えるべきだと思います。

2 いつでもよく寝る人

近年、Sustainability（持続可能性）という切り口で企業の責任を論じることが多くなってきています。1つには地球環境という視点で、2つめはCSR（企業の社会的責任）という視点からです。

「よく寝る」、イコール体力を維持するということからいうと、企業で働く人間そのものに当てはめて考えてもよいのではないかと思います。

その昔、健康飲料のコマーシャルに「24時間戦えますか」というフレーズがありましたが、1、2日ならともかく365日寝ずに働き続けるなどということは当然無理です。たとえ、少しは寝たとしても、自分の健康も顧みず、がむしゃらに働いたところで、それを10年続けられるでしょうか。なんらかの形で健康を害し、体を壊してしまうことは間違いありません。

Sustainabilityという考え方をもとにすれば、企業はそんな働き方を求めているのではないのです。未来にわたって、その人材の能力を落とさずに継続して仕事をしていくには、毎日何時間働くのを限度とするのが妥当でしょうか？　明確な計算式はありませんが、やはり現在世界で認められている1日8時間、週40時間という労働時間を基準とするのが妥当でしょう。すべてがそこから出発すると考えるべきです。

そのうえで「寝る」ということを考えてみましょう。その重要性は誰でも実感しているはずです。

睡眠時間は、1日の、つまりは人生のおよそ3分の1を占めるのです。昔は無条件でほぼ8時間睡眠をとっていました。ところが今は、社会が夜型になって、どんどん睡眠時間が減ってきています。今、講演会などで「昨日8時間寝た人」と聞いてみてもゼロ、いてもチラホラという程度です。人によって適する睡眠時間は違うでしょう。アインシュタインは10時間寝ていたといいますし、眉唾《まゆつば》ですがナポレオンは3時間ともいいます。

大切なのは、体調を見ながら自分に合った睡眠時間を知り、それを守ること。それが「よく寝る」ということなのです。とはいえ、その睡眠時間が、自分には充分だと信じても、やはりあまりに短いのは、いつか体のどこかにそのツケが回ってくることになります。やはり理想は8時間、短くてもせいぜい6時間くらいではないでしょうか。

また、お付き合いのある、赤坂・前田病院の総院長前田昭二さんが最近『ほどほど養生訓―走れる100歳をめざす』という本を出されました。そこで書かれている健康のための8項目を見ていておもしろかったのが、「歯をよく磨け」という項目です。悪い菌は歯から体の中に入ってくるのだそうです。そして、やはり「寝る」という項目も挙げてありました。前田先生は85歳になられるのですが、お会いするととても若々しく、そんな年齢には見えません。ご自身で実践されているからこそ書けることだと思います。

人間にとって「寝る」ということは、パソコンでいえば「再起動」に当たるのです。また翌日ちゃんと働くために、頭脳にとって必要不可欠な準備作業だと考えることです。どうしても睡眠時間が足りなかったら、短時間の昼寝も有効です。

『悪い奴ほどよく眠る』という黒澤明の映画は、日本未利用土地開発公団という架空の公団の副総裁を含む「悪い奴」3人組が主人公です。けれど、汚職にからむ本当の「悪い奴」は副総裁が電話で話す政界の大物らしき人物。姿を現さない彼は、3人組よりも「よく眠る」ということなのです。片や徹夜で働いていて、片や〝悪いヤツ〟はよく寝ている――そして、それが「悪」でも、よく寝ているヤツほど仕事はでき、優位な立場に立てるのです。

ちゃんとした睡眠時間を確保するためには、当然早めに寝ることになります。「12時前の睡眠1時間は12時以後の2時間分に当たり、午前中の仕事1時間は午後の2時間分に当たる」といいます。

要は「朝型」が大事なのです。「早起きは三文の得」、電気もなく、夜の灯が貴重だったからなおさらなのでしょうが、昔の人はよくぞいったと思います。

教育者の陰山英男さんは、「百ます計算」で有名になりましたが、もっと重要なことは「早寝早起き朝ごはん」だとおっしゃっています。子供たちが早く寝て、早起きし、きちんと朝ごはんを食べて脳を活性化させて、勉強に集中することが大切だ、ということです。遅い時間まで塾に通わせて睡眠時間が少なくなっては、伸びるはずの子供の才能も伸びなくなってしまいます。大人も子供もまったく同じ、都会では睡眠不足が慢性化しているのではないでしょうか。

企業に勤めながら8時間睡眠を維持するには、必然的に残業をしない、たまの飲み会には参加しても二次会は行かないなど、自分なりのルールが必要になります。また、通勤時間を短くするためには、大都市では難しいことかもしれませんが、会社の近くに住む、「職住接近」が望ましいでしょう。「睡眠」を基準に生活を組み立てると、おのずと生活スタイルが定まってきます。

海外で働くからには、日本にいるとき以上に体力と健康が重要になってきます。生活スタイルをうまく確立させて「よく寝る」ことができるパターンを作り上げる、つまり自分の健康管理ができることはとても大事です。

3 8時間の中で効率よく仕事ができる人

日本では、8時間の中でどう効率よく仕事をするか、ということを考えない人が多すぎます。ホワイトカラーとしての働き方が非効率すぎるのです。

会議はダラダラ、何も決まらず、いつまで経っても終わらない。笑い話ですが、ある企業では、社員がこうした不満をフェイスブックに書いたところ、会社から注意されたそうです。「不満をフェイスブックに書くな」ということでしょうが、会社の対応として、それは本末転倒です。

そこに書かれている事実をどう考えるのか？ さらには、指摘された問題を、どう解決していけばいいのか？ を考えるべきでしょう。せっかく問題が顕在化されたにもかかわらず、その内容をつきつめて考えず、ただ書いた行為だけを注意するのですから、レベルの低い会社です。

私は仕事の効率を上げるためには、必ず「デッドライン」を設けよ、と言っています。

仕事というのは、単に時間をかければ質が上がるというものではありません。これは長年見てきた経験から、はっきりと言えます。

デッドラインを設けて、そこに間に合うように死にもの狂いでがんばる、そのことによって効率も上がり、ひいては徐々に仕事の質も上がるのです。そして鍛えられ、実力も上がっていくのです。

また、韓国企業の判断が早いのは「オーナー企業」だからだといわれますが、私はそうではないと思います。

本来なら判断というのは、仕事を任せられている担当者が責任を持ってしていくものです。会社というのは、そういう仕組みで動くようにしなければいけません。ダメなワンマンというのは、重要な情報もオープンにせず全部の判断を自分にさせろ、ということになりますから、ろくな形になりません。そうではなく、任せるところは担当者に判断を任せ、必要なとき、必要なものに関してだけ担当者の判断の是非をトップが改めて判断すればいいのです。

ところが、日本ではマネージャー、あるいはトップにいる「判断すべき人」が、判断をしません。それは、日本の文化風土が悪さをして、リーダーシップが育っていないからです。

ちょっと自分の意見を言うと「自己主張が強い人」ということになってしまうので、萎縮してしまう。多くの日本人が、意見を言わない、主張しないというスタイルが習い性になってしまっているのです。こんな人がトップに立っても、判断を下せるわけがありません。

仕事をしていると、正解は「7」とか「8」というようにはっきり出ることはあり得ません。「これが正解」という数学的な解とは違い、絶対的なものがない中で、最善の答えを求めていくのが仕事です。「このあたりかな」と落としどころを考え、仕事を進めながら、「まあうまくいった」あるいは「だめだったからもう少しこうしてみよう」という判断を重ねていくわけです。

日本人は、平素からロジックを重ねて判断を下す、それも時間をかけずに素早く下すことがとても苦手です。ビジネスをやっていくうえで、本来なら一番重要なことに慣れていないのです。

また、そもそも多くの社員に個室が与えられていないのですから、「じっくり自分で考える環境」が整っていません。大部屋のワイワイ、ガヤガヤとした、喧噪といってもよいような環境の中で、忙しく働きはする。そういったことでは、集中してロジックを積み重ね、自ら判断を下していくという仕事の仕方に変わりようもありません。

私が仕事の効率というものを真剣に考えだしたのは、香港で働いていたときの同僚がきっかけでした。

当時29歳、私と同い年のその同僚は本社からやってきたドイツ人でした。彼は就任早々なんと、いきなり秘書を雇うために、面接を始めたのです。はじめは「何か勘違いしているんじゃないか」と思ったのですが、秘書と一緒に彼が動きだしたとき驚かされました。二人でこなしていく仕事のスピードと量が全然違うのです。

事務処理、経費精算、さまざまな手配など、私が会社に一度出社して、自らこなしている雑務を、彼は秘書に任せます。一度秘書に指示を出しておけば、会社に来る手間を省き、直行して8時間をフルに活用できるのです。

さらには、彼女のおかげで集中して仕事のできる、図書室のように静かな事務所の環境も作れます。集中した8時間のフル稼働を数字に直して800の仕事ができるとすれば、騒がしい事務所の中での日本人的な仕事の進め方だと、アポを取ったり、頻繁に電話をしたりの雑務や、会社へ戻る必要性などに時間を取られ、せいぜい400、500の仕事で終わってしまいます。あるいはもっと低いのかもしれません。

ところが、自分が必ずしもしなくてもよい仕事を秘書にどんどん回し、さらには、日本では個室は無理でしょうから、会議室に逃げ込むなど自分で静かな環境を作っていけば、800に限りなく近づけるのです。秘書の給料は多少かかりますが、そのフル稼働できる効率のよさを考えれば、会社にとってはかえってはるかに安いことになるのです。

効率というものを考え、ドイツ人の同僚のように場合によっては秘書を雇う、というふうに前向きに、積極的に対処することが重要なのです。海外ではもちろん、本来なら日本国内でも必要なはずなのですが、ホワイトカラーの効率を改善しようなどと本気になって考えることもないので、求められていないだけなのです。ですから、日本では秘書とはいっても、本来のあるべき仕事とはほど遠い、「お茶汲み」が重要な仕事になっている場合が多いのです。

4 一匹狼になって、独立できる人

より大きな仕事に挑戦したいというなら、今は会社員であっても当然、「独立」を念頭において働くべきです。

平素から意識し、想定することで、よりよい仕事を狙っていけるようになるのです。すると、与えられた仕事を流していく、ただこなしていくのではなく、おのずと「吸収しよう」という姿勢になるはずです。「もし上司だったら」あるいは「経営者の立場だったらどうするだろう」……常にこうした発想で考え、動くようになります。そして財務、人事……知っておかねばならないことがたくさん出てくるでしょう。気持ちの持ち方がまったく変わってくるはずなのです。

簡単にいうと、「一匹狼」になってやっていこうとする意志を持つこと。その覚悟とそれに必要とされる「意力」がついていれば、怖いものはないはずです。むしろ、その仕事の大きさ、危うさ、そこに挑戦することから大きな満足感が得られることでしょう。

そしてその「満足感」はさらなるエネルギーを生み出すはずです。

普段から「独立」を想定して働いている人なら、独立してでも、あるいは企業人としてでも、心構えも含め準備ができているので、海外に行っても充分やっていけます。

独立を考えない人は、自分の実力をよく知っていて、そんな危険を冒せないと考えているのでしょう。

海外に出ていくということは、なんらかの形で自分から能動的に動いた結果によるものです。まったくの受け身の形で、嫌々海外へ送り出されるという例はあまり聞いたことがありませんから、そういう人はずっと同じところにとどまったままでしょう。それでは何の進歩もないままです。ある日会社がおかしくなったとしたら放り出され、路頭に迷ってしまうのが落ちです。

日本は簡単には会社をつぶしませんから、ダメ会社でも幸運にも存続し、定年まで勤めたとしましょう。そうであったにしても、会社に、役職にしがみついてきた人というのはまったく魅力のないものです。

仕事上、大企業で一定の役職以上に就いている方たちとはいろいろお付き合いがありました。まわりが大いに気を遣ってくれたり、ちやほやしてくれることで、彼らの中には勘違いしてしまっている人を何人も見かけました。それを「自分の実力」だと思ってしまうのです。周囲は彼に張り付いている大企業の暖簾（のれん）とか役職に気を遣っているだけなのに、です。

そして、その役職、地位に実力が見合わない人ほど、その勘違いが大きいのです。すると、彼らは「踊り始めて」しまうのです。次第に、尊大な態度を見せるようになります。こういう人たちが会社から離れ、本当の自分に戻ったときの姿は、本当にさびしいものです。

もし定年まで勤めあげたとしても、独立している心構えを持って厳しい気持ちで仕事をしてきた人は、決してこういう末路をたどらないのです。

ですから、若い人たちにぜひ言いたいのです。「一匹狼」で戦ってほしい、と。そして、より可能性のある場で戦いたいなら、機会を見つけて海外へ飛び出していってほしい。そして、どうせ飛び出すのなら身が軽い、若いうちのほうがいいのは間違いありません。

「若者よ、ぐずぐず言わず飛び出せ！」と声を大にして言いたいのです。

5 仕事は苦しいものと知っている人

「仕事で苦しむのは当たり前」。ずばり、これが答えです。

楽しいだけの仕事など、あり得ないからです。であれば、誰にも負けないくらい率先して苦しんでおくことが肝心です。ありとあらゆる場面に自ら率先して遭遇し、経験として積んでおくこと。特に20代、30代の若いうちは苦労すればするほどよいと思います。後になって、それが大きなメリットになって戻ってくるはずです。「若いうちの苦労は買ってでもしろ」、古いことわざですが、これは今日にも通じるのです。

例えば長距離走でも、始めた当初は苦しいものです。今日練習を始めても、何か月間はとにかく厳しい練習に耐えないといけません。ところが、マラソン選手になるくらいまで極めてくると、強豪の選手とのかけひきも、体力維持のテクニックも、体調管理も誰にも負けないようになってくるはずです。そうすると、今度はマラソンをゲームとして楽しめるようになるのではないでしょうか。

仕事も同じことです。はじめは苦しいだけだったものが、経験していくにしたがって遭遇するケースによって、「こういうときは誰に聞けばよい」「こう解決しよう」という解決策を頭に浮かべることができるのです。すると、ゲームとして楽しめるようになるのです。

ところが仕事を単に「苦しい」と捉えている人は、逃げの姿勢を取ることになります。仕事は苦痛であり、「ミニマム」であるべきだと考えるからです。香港のメリタに勤めていた頃、ドイツの本社に行って見かけた風景を思い出します。5時の終業時前になると、タイムレコーダーの前に何人かの従業員が列を作って並んでいるのです。一刻も早く帰りたい、と。この風景はいまだに忘れられません。こういった人たちに、苦しんだ後に見えてくる仕事の楽しさを教えることは、まずは不可能だろうと思います。逆に、日本人は「滅私奉公」、仕事にのめり込む人が多く、このこと自体はすばらしいと思います。とはいえ働き方を間違えて、本来あるべき「私」の部分まで完全に否定してしまうのはいけません。

ただ、仕事をするにあたっては「自分には厳しく、苦しむことをまずは当たり前とする」、この心構えを忘れないでほしいと思います。

6 厳しい競争にさらされている人

人間は、積極性を持たなければなりません。私はいつも、「日本人には野性味が欠けている」と言っています。「野性」そのものとは違ってもっと洗練された感覚の「野性味」は、相手にもその人の人間的な魅力として感じてもらえるものですし、「野性」そのもののひとつである「Hungry」とは違って、より広い意味で「常に新しいものに挑戦していく力」という意味合いで使っています。

これをなくしてしまうと最近いわれる、いわゆる「内向き」になってしまうのではないかと思います。一概にはいえませんが、周囲を見るとたしかに「内向き志向」が広がっている印象を受けます。

留学を希望する大学生が減っている、あるいは企業、中でも商社などでも海外勤務を希望する社員が減っていると聞きます。2012年9月にはアメリカ大使館が、東京・秋葉原で「もっとアメリカに留学してほしい」とアピールするイベントを催したそうです。いずれにしても、そんなアピールを受けるほど消極的なのは情けないと思いますが、そこまで日本人のアメリカ留学は減っているのでしょう。

知り合いの会社社長が息子さんに、海外に行くことを勧めると「いや、僕は日本がいい」と言うのだそうです。理由を聞くと、「日本の食事は美味しいから」とのこと。まだ20代の男性が、そう言うのです。「日本の食事は美味しいけれど、世界にはまだ見たこともない、味わったこともない食べ物が数えきれないほどある」という好奇心はないようです。

「内向き志向」をWikipediaで見てみると、若い世代の意識だけの問題ではなく、次の4点がその理由として挙げられていました。

・日本の経済状況が好転しないため留学などの費用を出す余裕がないこと
・新卒一括採用・終身雇用制度の下では海外の留学経験などが評価されにくいこと
・就職活動が長期化し、学生といえども学業に専念することが困難となったこと
・近年の日本の生活環境が欧米に比べ向上して、外国に出る魅力が薄れたこと

私にいわせれば、この内向き志向批判に対する弁護こそ、「内向き志向」そのものであるように感じます。費用がない？　アルバイトをしてでも、奨学金を得てでもやる気

のある学生は留学しています。私がドイツに留学していたときも、さまざまな国からこうした学生が来ていましたし、私自身もアルバイトでお金を一生懸命貯めました。ましてや、「生活環境」のために海外に出るものなのでしょうか？　外に出て日本の良いところも、悪いところも見ることで成長するのです。

さらには商社マンでも、海外勤務希望者が軒並み減っているというのはどういうわけなのでしょう。商社でやりがいのある仕事をしたいのなら海外に出なくてどうするのでしょう？　何のために商社に入ったのか、聞いてみたくなります。

では、どうやって「内向き」を減らして、「野性味」を培えばいいのでしょうか？　やはり競争させることではないかと思います。

フランスの試験には「Exam＝エグザム」と「Concours＝コンクール」があります。「Exam」でしたら、50点取ればみんな合格なのですが、「Concours」は例えば100人中上位10名というように、ふるい落とされていく試験です。社会そのものがそのようにできていて、好きでも嫌いでも、そのような形で選択が常になされていくので、人間はやはり厳しい「Concours」にさらされなければ鍛えられないのです。そのうえで、もし失敗したり、競争に負けたとしても、それを自ら乗り越え対処する力を持つこと。人間は必ず失敗もしますし、競争に負けるときもあります。そういうときに競争に慣れていないと、もろく、その一度きりで崩れてしまうこともあり得ます。けれど、何度も「Concours」を体験していれば、シリアスな状況にも対応する力を持つことができるのです。

最近「コーピング」という言葉が使われだしています。何か厳しい状況にぶつかったとき、心の中で対処できることを意味するそうです。それまで培ってきた経験上から「コーピング」できること、そういった心の持ち方ができることが「野性味」につながっていくのです。みなさんは「野性味」を持っているでしょうか。持っていれば、海外に出て、大変な状況に面しても切り開いていけるでしょう。逆にいえば、海外に出て競争することで、「野性味」を養うことができるのです。

日本の教育、いや社会全体は、どんどん「Concours」をなくす方向で進んできてしまっています。ですから、日本にもっと「Concours」を！　と言いたいのです。

7 体力があって疲れない人

もともと、生まれたときから持っている「体力」というものはありません。生まれ持った、親に感謝すべき「健康」とDNAはあるにしても、それに基づいて体力は自分でつけていく、作り出すものと考えるべきなのです。

自分が必要とする体力は、自分が知っています。自分のしたいことに見合う体力がなければ、仕事をしていても、ほかの好きなことをしていても、疲れてやめなければなりません。これは一種の安全弁のようなものですね。疲れれば、当然気力もわいてきませんん。つまり、自分の行動力は、必然的にその体力によって限定されてしまうものなのです。

ということから、私は、仕事の能力も、体力に大きく左右されると考えています。

会社は社員の能力に対して給料を払っているわけで、プロである以上、能力を存分に発揮できる態勢で会社に行くのは当たり前です。

では、どうやって能力を存分に発揮できる体力を維持すべきなのでしょうか。

まず、考えなければならないのは今の体力でどれだけ効率よい働き方をするか、ということです。こう考えることは、残業ゼロにもつながりますし、一定時間に仕事に集中することになるので、すべてがいい方向に向かうことになります。

そして、次は体力増強を考えてみてほしいと思います。ジョギング、ストレッチ、水泳、あるいはウォーキングなど、自分のやり方でいいのです。より余裕を持った体力の必要

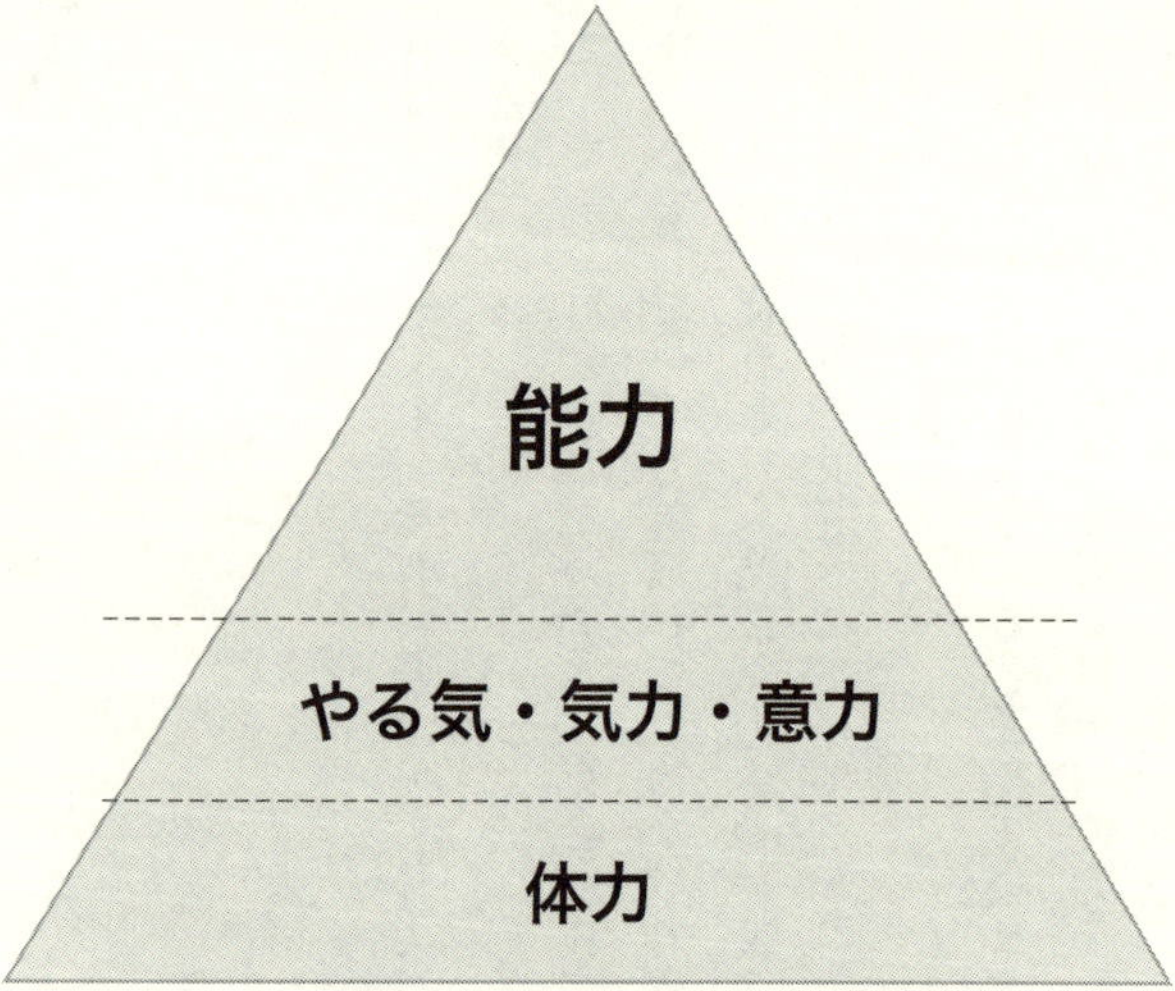

仕事の能力は体力に左右される！

性は、誰しも感じるものではないでしょうか。なぜ、今東京で、4000人もの人が平日夕方以降皇居のまわりをランニングするのでしょうか。それだけの人が体力づくりが必要だと感じているからです。

雑誌『R25』が「ランナー」と、そうではない人「非ランナー」に実施したアンケートで、その結果を比較したものがあります。

「プライベートがとても充実している、またはある程度充実している」

↓ランナー47・1%　非ランナー33・4%

「仕事にやりがいを感じている」

↓ランナー47・2%　非ランナー32・9%

と、ランナーのほうが高くなっています。走る↓体力がつく↓プライベート・仕事の充実につながるという流れがあるのは間違いありません。

そして、注目したいのが年収です。年収750万円以上の割合が、「非ランナー」は1・8%、そしてなんと「ランナー」では13・8%にのぼるのです。これは世の中の平均から比べても明らかに高い数字です。体力をつけようと努力できる人は仕事もできる、ともいえますし、走ることで体力がついて仕事もうまくいっている、ともいえるでしょう。また、ランナーは、決して仕事量が少ないわけではなく、効率よく仕事をして時間をやりくりしているはずです。

ともかく、体力があることは仕事をするうえで重要だということです。

逆に、今ある体力がどんどんなくなるような非効率的な働き方をしていれば、体力増強の時間など取れるわけがありません。疲れやすくなるのでますます効率も悪くなり、精神的にもまいってしまう。悪循環です。私はこういう悪い働き方が、日本の年間自殺者が3万人という異常な事態につながっていると思うのです。

また、体力をつけるには食事も大切です。私の友人は5人の息子さんを中学が終わると順次アメリカに留学させてきているのですが、今、彼らが大人になって、中学時代までの友達と何が一番違うかといえば「体力」だといいます。「体つき」からして大きく違うのだそうです。もちろん、そこには食事の影響があるでしょう。和食は体にいいとはいいますが、成長期やバリバリ働く人には物足りないのではないでしょうか。

昨年に亡くなられた女優の森光子さんは、ステーキがお好きでよく召し上がっていたと聞きました。さらに森さんは、毎日スクワットを150回していたそうです。こうした体力づくりが、よい仕事を生んだのは間違いありません。

和食だけでなく、ときどきはステーキなどをモリモリ食べて体力をつけましょう。そして、運動をする。「時間がない」という人は、その時間を作るために働き方を見直してみてください。必ず時間は作れるはずです。

すると必然的に効率のよい働き方をすることになり、体力もつけられる、というよい循環につながっていくのです。

8 夫婦単位で行動する人

最近「ワーク・ライフ・バランス」という言葉がやっと日本でも使われだしました。日本には「私利私欲をなくして仕事をする」というすばらしい文化があります。とはいえ、次第に私たち日本人は「私利私欲」ばかりか、「自分そのもの」を消して働いてしまっているようです。自分を消すくらいですから、もちろんとっくの昔に自分の妻、家族、そして生活も消してしまっています。

一方、海外では、食事、旅行……夫婦単位で行動するのが当たり前です。昨年私たち夫婦がイタリアでクルージングの旅をした際、全270のペアのうち1組だけ日本人の母娘がいました。ほかはすべて夫婦単位。日本では、母娘で旅をしたり、女同士で旅行したりというのは珍しくないでしょうが、海外から見ればいかに珍しいかがわかります。

同じように海外では、会社の同僚だけで毎晩飲み歩く、ということはあり得ません。同僚と食事に行くことになると、パートナーも同伴するのが自然です。

私が妻と二人で夏の間、アメリカを旅行した後、フランスで長期間過ごすことを話すと日本人の友人が何人も、「よく奥さんと3か月も一緒にいられますね」と言うのです。老若の別なく、日本人男性の多くがこういう感覚なのです。結婚はしていても結局は形が残っているだけで、きちんと二人で日常生活を築く感覚などありません。平日は外で飲み歩き、たまにはほかの女性と遊ぶのでしょう。それはそれでかまわないのですが、そんな生活では、妻と一緒にいることに楽しみが見つけられるわけもありません。これはもう「日本病」です。

そういう私も、「日本病」にかかっていた時期がありました。メリタの日本支社に勤めていた頃のことです。外資系企業でありながら日本人が多く、文化はすっかり日本の会社でした。残業、あるいは飲み歩き、毎晩遅く帰る日々が続きました。そんなとき、業を煮やした妻が言ったのです。

「なぜ、日本人はこんなに遅くまで働くの?」

私も若かったですし、お決まりの「付き合いも仕事のうちだから」という言い訳を繰り返し、一向に生活を変えようとはしませんでした。そうこうしているうち、一時は妻の口から「こんなことを続けていたら離婚することになってしまう」という言葉が出るほどの危機的状況になっていたのです。

そんな生活を続けていた１９７６年のこと、メリタ本社が香港に極東事務所を設立するという話が持ち上がりました。妻は、無条件に私に応募を勧めました。

「このまま日本の職場にいたらダメになる」と切実に思ったのでしょう。とはいえ、ドイツ系企業の香港事務所に日本人が必要なわけもなく、一応ダメもとで応募しました。するとなんとか採用となったのです。歓迎されているふうではなく、はじめの1年間は住居費も出してくれないという悪条件でしたが、これは私たち夫婦の転機だったと思っています。

結局3年間を過ごした香港では、「夜のお付き合い」はまったくなく、ちょうど子供ができたこともあって、夫婦で過ごす時間を取り戻すことができました。あのまま日本での生活を続けていたら、私たち夫婦は壊れていたでしょう。

その後、トリンプに転職後の83~86年にふたたび香港で生活することになりました。そのときもやはり、オフィスの時間が終わって、夜になると夫婦単位で集まっていました。定時以降は夫婦単位が基本であり、夫婦単位でないとまともな付き合いができないのです。

家庭を大事にし、夫婦単位で行動できる、その楽しみが持てる人なら、海外に行っても夫婦単位の付き合いにすぐなじめるでしょう。逆にいえば、そういう人ならば、海外に行ったほうがより夫婦単位、家族単位での日常生活を楽しむ日々が送れることと思います。

9 異文化を楽しめる人

異文化を楽しめる――。これは海外で暮らす、働くための、最低限の条件かもしれません。

海外に出ると日本の良いところ、悪いところが見えてきます。けれど文化の「良し悪し」というのは見方によって裏腹なものです。例えば食生活でも、はじめは「ボリュームがあって安く肉中心」という食事がいいと思えますが、次第にいやになるかもしれません。けれど、その「違い」を楽しむことが大切なのだと思います。

最近は個人ベースで海外出張をしますが、昔は団体で行ったものでした。オーストリアにあるトリンプの工場見学に団体で行ったときのことです。

見学が終わった後、「全部わかっていることだし、学ぶべきことはなかった」と言う人もいれば、「そんなことはない、いろいろと学ぶべきことがあった」と言う人もいました。それは、その人の見方、ものごとの捉え方なのです。

「アフリカで靴を売る」という有名な話があります。アフリカのとある国に降り立ち、靴を売ろうとしたとき、その国の人たちは誰も靴を履いていませんでした。そのときに、「靴を履く習慣がないんだからダメだ」と考えるのか、「こんなに靴を持っていない人がいる、チャンスだ」と考えるのか、ものごとをどう捉えるのか、という話です。

日本に住んでいると、つい視野が狭くなりがちです。日本のメディアは海外のニュースをほとんど流しません。日本は、メディアも「内向き志向」なのです。これはメディアばかりが悪いわけでなく、私たち日本人が興味を持って求めていないから、といえるでしょう。政治と同じく、メディアも国民のレベルに合わせるものなのです。

視野を広げていないと、異文化に対しても受け入れる力が弱くなりがちです。今の時代は幸いインターネットがあります。海外メディアからの情報を読むのは、とてもいいことだと思いますし、ぜひ、してほしいことです。

妻は、私と結婚して日本に移り住みました。70年代のはじめといえば、日本では水洗トイレもまだあまりない時代です。一方妻の故郷は、首都パリから750㎞も離れた南フランスの田舎の街でしたが、セントラルヒーティングはもちろんのこと、きちんと下水道が整備され、水洗トイレがありました。その当時、私の実家があったのは、千葉県市川市。汲み取りトイレで、あちらこちらからいい臭いがしていたものです。しかもアパートは共同トイレがほとんどでしたし、お風呂も銭湯通いが普通でした。

食生活でいえば、チーズもその頃日本で売っているのはプロセスチーズだけ。フランスのように豊富な種類があるどころか、ナチュラルチーズといわれるものは、ほとんど売られていませんでした。こうした状況にあっても、異文化の日本を、妻はそれなりに楽しんでくれていたと思います。

異文化だからといってはじめから拒否してしまったら、そこで終わってしまいます。異文化を楽しめる人間にならないと、得られるものは何もありません。楽しめば、必然的に吸収できるものが多くなり、結局はその人を豊かにするのです。

10 ユーモアで笑わせられる人

ユーモアは、海外で働くのにはもちろん、リーダーになるためにも重要だと思います。「笑い」を引き出せる人というのは、まず自分に余裕がある人でしょう。そして、ユーモアによってまわりの雰囲気を明るいものにできるのです。リーダーは厳しいことを言わねばならないときがあります。

社長時代、私はカミナリを落とした後、できるだけジョークをひとつ入れるようにしていました。厳しい雰囲気のままではなく、場を和らげてから解散したいと思ったからです。

もちろん、そこには「ウイット(機知)」、知的な要素が必要です。本を読んだり、映画を見たり、「仕入れ」も必要ですし、慣れも大事でしょう。

妻の実家で親戚が集まると、フレンチ・ジョークがどんどん出てきます。フレンチ・ジョークは、色っぽい咄が多いので日本では眉をひそめられることもあります。TPO

を選ばなくてはならないでしょうが、こんなジョークをひとつ。

ある銀行に強盗が入りました。

強盗はお金をバッグに詰め込んだ後、「お前は今俺がしたことを見たか?」とある男に聞きました。彼がうなずくと、強盗は即座に射殺してしまいました。

次に強盗は、別の男に同じことを聞きました。するとこの男、こう答えたのです。

「私は何も見てませんが、隣にいる女房がよく見ていました」


私がこのジョークを披露したとき、とてもユーモアのある切り返しをされた、さる著名な音楽家の方がいました。その方は、こうおっしゃったのです。

「吉越さん、次にどこで銀行強盗が起こるか、教えてね」

私も、彼を見習って、こんなユーモアを持ちたいものだと思います。


もうひとつ、お披露目しましょう。私は、日本の電柱というものはどうにかならないものかといつも思っています。電柱があるせいで、日本の街並みは大変「みっともない」ものになっていると思うのです。費用はかかっても地下化することはできないのか、などと考えるのですが、一向に減りません。日本人の美的感覚からいえばとても許せないレベルのものだと思うのですが、それをほうっておく電力会社のありようには疑問を感じます。

欧米の友人たちに対しても、いつも恥ずかしいと思っています。そこで、電柱の話題に触れたときは、こんなジョークにして話すのです。

「電柱を使っているのは、日本は地震が多いからなんです。万が一電線が切れたときわかりやすいように、しかも修理しやすいように電柱と電線を使っているんです」と話すと、たいてい友人たちは納得した顔をします。そこでこう続けるのです。

「予定では、いずれ、ガス管も水道もあそこにぶら下げることになっています。そうそう、まもなく下水道も」

すると、それがジョークとわかって、みんな笑ってくれます。

会社で働いていると、厳しい話をしなくてはいけないときもよくあります。そういったときこそジョークの出番なのです。そして、人間笑うと「しょうがないかな」という穏やかな気持ちになるものです。たまに「はずす」かもしれませんが、それで恥ずかしい思いをしてもいいではないですか、同じようによい効果が得られますので。

笑うことは健康にもいいといいますから、どんどんジョークを言ってみましょう。何よりまわりの雰囲気が明るくなりますし、仕事がよりスムーズにいくようになることは間違いありません。

2章

外国人にも負けない人10の特徴

1　日本の知識・技術を応用できる人

日本人が海外に行って、そのまま職を得るということは、基本的に難しいことだと考えましょう。

例えばフランスに行ったとして、人材募集でフランス人に勝てるでしょうか。採用条件はあくまでも同等です。まずは言葉の面で、さらにはフランス人として本来持っていなければならない知識面で、あきらかに圧倒的に不利です。

逆に日本人の強みは、日本人であること、つまり日本そのものと日本のビジネスを知っていることにあります。ということは、海外にいながらも、普通の日本人であれば、日本に片足を置いておくという必要性があるのです。日本を知り、日本人であることが、海外に出たときに最大の強みになるわけです。

そして、海外で高給を得て働こうとすれば、何かしらの優れた専門知識、高い技術を持っているのは当然です。ですけれど、その知識、技術を「持っている」というだけでは、限界が見えています。なぜなら、相手がその知識、技術を吸収してしまったら、それで終わりだからです。

例えば、中国や韓国に多い話ですが、2、3年経って、相手の会社がすべて知った時点で「はい、ありがとう。もうOKです」とお払い箱になってしまうことです。そこで終わり、ということはそれ以上に技術や知識を自ら発展させることができない人、と相手が見越したともいえるのです。そうした「知識、技術」の種を植えるだけならば、「じゃあここに植えてください。ありがとう」で、終わってしまいます。種として持って行って、相手のスタッフと一緒になって、花開かせるところまでできる人が生き残れるのです。

私は社長時代、「TTP」というコンセプトを提唱し続けました。「徹底的にパクれ」の頭文字です。ほかの国、ほかの会社のことであれ、いいことを真似するのは当然です。けれど、それを自社に導入するときは、抵抗勢力が現れるのも当たり前です。新しいことをやろうとすると、必ず反対する人は現れるものなのです。

導入しようとしたことを、その会社なり組織の事情、環境に合わせ、説得を繰り返し味方を増やしながら、変更を繰り返し、なんとか導入させ、根付かせるというところまで持ち込むことが肝心なのです。単に導入して終わり、なのではありません。その徹底したフォローは、その導入しようとしていたことが、根付くまで必要となります。そしてはじめて、その導入したことが、その会社や組織にとって、血となり肉となり、役に立ってくるのです。

この「フォロー」をできる人が、海外に行った場合でも生き残れる人ということになると思います。ただ、知識、技術を持って行って終わり、ではすぐに用済みなのです。

私がメリタ香港に行った70年代は、日本でもまだまだインスタントコーヒーが主流、喫茶店以外でレギュラーコーヒーなどあまり見ることのなかった時代です。香港ではレギュラーコーヒーは、さらになじみの薄いものでした。

そういう香港で、ビジネスをどう展開していくか？　ということが喫緊の大きな課題でした。片や、コーヒーの器具とコーヒー豆を、エージェントを通して小売りしようとする、ドイツ本社主導のプロジェクトがすでに立ち上がっていましたが、あきらかに無理があり、その後片付けに苦労することとなりました。

そこで、業務用を狙おうと考えたのです。メリタはもともとコーヒー器具の会社ですが、ドイツにはコーヒーそのものの子会社を持っていたので、器具を無料で貸し出して、コーヒー豆を売るのです。いわば、商品だけではなく「システム」として販売するという道を選んだのです。

日本では、すでにこのレンタルシステムは当たり前でしたから、そのアイディア自体が重要なのではなく、どう導入させて根付かせていくか、というプロセスが大事だったのです。現地香港の事情などを踏まえて、細やかな軌道修正を加え、導入してくれるホテルをはじめとする業務用の得意先を順次増やしていくことで、短期間のうちに、黒字化することができました。

これは、たまたまうまくいった例ですが、すぐに「用済み」にされないためには、持っている知識や技術をさらに発展させることができること。日本にいてもそうなのですが、海外で働き続けるには、この点がさらに一層重要になってくるのだと思います。

2 会社色に染まっていない人

「滅私奉公」という言葉には二通りの意味があると思います。

ひとつめは、自分をなくし、無色透明になり、「会社色」に染まってがむしゃらに働くこと。会社が赤なら赤、青なら青に染まってしまい、自分の意見までなくしてしまうのです。例えば、「お昼ご飯に何が食べたい？」と数人で相談するとき、「なんでもいい」という人のなんと多いことか。

二つめは、私利私欲をなくしたうえで「自立した個」を持って働くこと。

本来は二つめのほうがかっこいいと思うのですが、日本人はひとつめが圧倒的に多く、自分をなくす方向に向かってしまいます。自分をなくすと、自分の意見を持たなくなります。「自立した個」とは、自分の意見を持つこと、つまりはすべて自分で判断を下すことができるということなのです。判断を下すという行為が得意でないのが、日本人です。

日本人は、「自分の意見」を持つことが得意でありません。持っていたとしても、それは好き嫌いに基づいたものであったり、あくまでも感覚的、感情的であるように思えます。ニュースなどでも感覚的、感情的に訴えることが非常に多いようです。

私利私欲でなく、会社のために、社会や国のために、一番正しいと思うことを自分の意見として、きちんと主張することはすばらしいことだと思うのです。それを理解できない相手であれば、なんとか説得することが大事なのですが、逆に相手の意見の一部を取り入れて、自分の意見を発展させていくことも、すばらしいことだと思います。しかし、日本社会では、意見を持つこと自体あまり好まれないという文化風土があります。相手が感覚的に受容できるものしか言ってはいけない、というのが、残念ながら日本社会のような気がします。

例えば沖縄の基地問題に関してですが、米兵による強姦事件が起きた後、県知事がアメリカに行って抗議するわけです。強姦事件に限ってアメリカに行って抗議をすることは充分理解できますが、その場で普天間飛行場の県外移転などの話をしてくるようなことは、一般企業で見たら大変おかしなことです。

企業の課長、部長クラスの人が相手の会社に行って、会社の意見とは違う内容の文句を言っているようなものです。頭の上を越された、社長はどうなっているのか、という話です。事件について抗議するのはもちろん当然で、誰でも理解できることです。ところが、さらに「基地を県外に」「オスプレイ配備反対」というわけです。これは「課長」「部長」クラスの人が組織外の人に向かって言うべきことではないのです。こうした訴えを耳にして、論理的に考え、おかしいと感じる日本人が何人いるでしょう。むしろ、感情的に同意してしまっているのではないでしょうか。

さらには、冷静に考えてみてください。アメリカの存在がなかったら、日本はどうなってしまうのでしょうか。尖閣諸島は沖縄県に属しています。アメリカが尖閣諸島を「日米安保の対象」と言ってくれなかったら、多くの中国人が上陸し、もう住み着いているころでしょう。そうしたら、日本は何ができるというのでしょう。

繰り返しますが、強姦事件は許せないことです。それはそれで罪として厳しく裁かれるべきですが、そこで感情に訴え「基地移転」「オスプレイ反対」などと結びつけるものではないのです。論理的に考えず、感情に訴える。アメリカ側から見て、信用できる同盟国なのか、と心配になるのも当たり前です。

政治の話になってしまいましたが、仕事でもまったく同じことです。「自分の意見」

を作る、考え出すことが大変重要です。担当の仕事があれば、その担当について考えに考えて、自分としての結論を出していく訓練をするのです。

私利私欲をなくし、黙々とまじめに働くというのは日本人のすばらしい点です。無条件に自慢していいと思います。

とはいうものの、海外では意見を言えないと仕事はできません。もちろん本来は日本においても、「自分の意見をちゃんと持っている人材のほうがいい」というふうに、企業が変わらなければならないことは言うまでもありません。

3 論理を積み重ねていく人

「目からウロコ」。私の本を読んだ感想として、よく言われる言葉です。とてもうれしいことなのですが、それは、私の話というのがあくまでも「単純な論理・ロジック」にのっとっているからだと思います。

そうした積み重ねをわかっていただくと、その結論もわかってくださる。感情的な流れではなく、「ロジック」で持っていくというのが非常に重要なことなのではないかと思います。

日本人も基本的にそのベースとしては「論理的な流れ」を好むはずなのですが、より多く感情、感覚的なものが優先されているように思います。日本ではこの両刀遣いが必要とされるのですが、まだまだ論理的な面に弱く、感情的なほうに流されてしまっているのです。

日本では、ロジックで骨組みをしっかりと構築して、そこに日本人の好きな「GNN

＝義理、人情、浪花節」を流し込めばいいというのが昔から私の言っていることです。海外でもこうした感覚でいいと思うのですが、ほとんどが「ロジック、ロジック」です。

ロジックがまったく欠如している面、それは日本の外交だと思います。

「お隣さんなんだから、ことを荒立てずに」という感情ベースのやり方では、絶対にダメなのです。普段の近所付き合いなら悪いことではないのですが、外交でこれをやってしまってははじめから負けなのです。外交の定義で最後の手段は「戦争」とされていることを絶対に忘れてはいけません。感情ベースの甘い外交が、とんでもないことにつながるかもしれないのです。

例えば、対中国に関しても日本は同じレベルに立ってはいけないのです。もっと大人の対応をしていくべきだと思います。

中国の人たちが騒いだからといって、日本人も同じように騒ぐべきではありません。あえていうのなら、中国との付き合い方は、サッカーの試合のつもりでいればよいということです。

ご存じの通り、サッカーというのは、レフェリーの見ていないところで倒されたり、引っかけられたりすることが多々あります。とはいいながらも、そこで怒って、同じことをやり返してもしょうがない、なんのメリットもないわけです。押されたり、足を引っかけられたら、何度も思い切りひっくり返ってみせ、アピールをしていくのです。そうやって、レフェリーや観客を徐々に味方につけていく努力をすることがとても大事です。観客もおかしいと思い、レフェリーがイエローカード、レッドカードを出すように、そしてペナルティキックができるように働きかけるのです。

昔と違い、二国間の争いにも国際的な注目が集まり、その影響力には大きなものがあります。そういったことからいえることは、まずは国際的な理解・同情を得ておくことが大変重要だということです。

尖閣問題であれば、外務省のホームページに「尖閣諸島についての基本見解」として、さまざまな言語で詳しく、納得性のある形で説明されていますので、「ここを見てください、歴史的な正当性がすべて書いてあります」と外国人の方にはアピールすればよいのです。本来なら国際司法裁判所に訴えるべきだと思います。国連の常任理事国の立場にあるとはいえ、勝てないと思えば中国は訴えに乗ってこないでしょうが、ともかく正当性を訴え続けることが大事なのです。その点、日本政府は「尖閣諸島はもとより日本固有の領土であって問題は存在しない」としています。とはいえ、これだけ問題になっているのですから、これも不思議な考え方と言われても仕方がないと思います。

日本人は論理的に考えることが非常に苦手です。これまでそういう訓練をしてこなかったのですから、当たり前です。

フランスには「バカロレア」という、大学の入学資格を得るための国家試験があります。試験は「哲学」から始まりますが、その問題といったら……。

「動物はなぜ言葉を話せないのか」

「働くことで人間は何を得るか？」

「国家がなくなることで我々はより自由になるか？」

というようなテーマを考えさせ、4時間という時間内に論文を書くのです。

フランスでは、こうした、答えを教えるのではなく、「論理を積み重ね、考えさせる」教育が徹底しているのです。私がフランス人の妻に議論で勝てるはずがありません。

仕事上では、特に海外で仕事をしていくなら、論理的に考え意見を述べることは必須です。でもそうした教育を受けてこなかったからといって、あきらめることはありません。苦手ではあっても、日頃から「なぜ?」「なぜ?」「なぜ?」と何回も自分の頭で考え、積み重ねていく習慣をつけるのも大事なのではないでしょうか。

4 「出る杭」になり、失敗から習える人

「出る杭」とは、ほかの人より抜きん出ている人を指します。とはいっても、日本で「出る杭」になったくらいで海外でやっていけるとは思わないほうがいいでしょう。

日本の社会は世界に比べてまだまだ甘いのです。そこで育った人間も甘い、その甘い人たちの集団の中で少し「出た」くらいではダメです。もっと自分に厳しくならなければなりません。はるかに、高く抜きん出ている人になるのです。

かといって、他人と比べて、という相対的なものではありません。より高く抜きん出るためには、あくまでも自分との闘いが基本です。自分はさておき他人にだけ厳しいようではダメです。自分をたたきあげて、強い絶対的なものを持って、「出る杭」になるのです。

日本社会では「出る杭は打たれる」ともよくいわれます。いやな言葉ですが、打たれたくらいで引っ込むようならもともと実力がなかったということです。はるか高く抜き

ん出れば、まわりの人が「打つ」こともできないはずです。あるいは、打たれても打たれても、何度でもまた出ていけばいいのです。打たれているうちに、経験を積んで杭もどんどん太くなっていくはずです。そうすれば、打たれてもへこまなくなるはずです。

そして、もし失敗したらどうするかといえば、もともと、人間は失敗から習うものです。うまくできるまで、失敗を重ね、その結果できるようになるのです。あきらめたら、その時点で終わりです。私はいつも言っているのですが、あきらめず、「成功するまでやれば成功する」のです。

例えばパソコン上で何かの設定をしようとすると、論理的に追いかけて考えていてもなかなかうまくいかないものです。「こうであるべき」「このはず」と、あきらめずに何度も何度も同じことを繰り返しているうちにできてしまうことが多いものです。

ただし、大きく失敗する人の場合は問題です。大きく失敗する人には、何かしらの要因があるのですから、そういった人の上司は気をつけて見ていかなければなりません。それを怠った結果、何か大きな問題が起こったとき、「知らなかった」という上司は上司失格です。タクシーでも、事故を起こす運転手はまた必ず事故を起こすといいます。

大きな失敗をするたびに手間隙がかかっても「再発防止策」を考え、二度と同じ失敗をしないようにしなければなりませんが、だからといって、失敗を恐れないでください。そこには必ず「成功の種」があるからです。後はあきらめないで、やり続けることのできる人。こんな人は、間違いなく海外に行ってもやっていけると思います。

5 「できない理由」を「できる方法」に転換できる人

「できない理由」をクリアすれば、「できる」ことになる――ひとつの事象の裏返しなのです。これは社長時代、いつも言ってきたことです。

長期にわたって業績が低迷していた日本のトリンプに香港からやってきて、はじめて気がついたことは社員がみんなとてもネガティブだということでした。何か変えようとしても、「こうだからやめたほうがいい」と、「できない理由」をまず言うのです。「うまくいきませんから」と、何度社員から言われたことでしょうか。

そういうとき、頭のいい人にかぎって、やみくもに「無理」と言うのではなく、その問題点を明確にしてきてくれるのです。結局「だからできません」という話なのですが、漠然と言われるのとは違い、ロジックで言ってきてくれるので、かなり前進するのです。そういった場合はよく、「だったら、その問題点をすべてクリアすればできるんじゃないですか?」という言い方をしたのを覚えています。

これだけは忘れないでください。「できない理由」と「できるために解決すべき問題点」は裏表のものなのです。

日本にはこの前まで、「七重苦」があるといわれてきました。「円高」「TPP参加の出遅れ」「高い法人税」「人材派遣規制強化」「資源高」「温暖化ガス削減」「高い電気代」です。安倍政権になり、「円高」は解消されつつありますが、まだ先はわかりません。さらに、「政治」を入れて八重苦だと言う人もいました。

これを経団連が政府に向かって言っている分にはいいのですが、個々の企業が阻害要因として言っているばかりでは何も変わりません。企業がこれらの「七重苦」を変えることはできないのですから、この条件のもとでどうすべきかを考えなければいけません。

私はそれそのものを自分で解決することはできないので、「与件」と呼びますが、「与件」を乗り越えて、自分自身の課題をクリアすることを考えなければならないのです。与件から逃げていても、何も問題は解決しません。

わかりやすい例をとって、日本の「七重苦」のひとつである「円高」への会社としての対策をいえば、生産拠点を海外に移すことがその解決策のひとつということです。安倍政権になり風向きも変わってきたこともあり、この八重苦と言われる与件に関しては、今後に期待したいところです。

話は変わりますが、アメリカでは、シェールガスという希望のエネルギーが実用化されています。環境破壊については、多少まだ心配が残りますが、かなり低コストのエネルギー源になるそうです。今まで経済悪化が懸念されていたアメリカですが、この新エネルギーの開発で、将来に向けての経済活性化が大きく期待されています。

また、中国の突然の輸出停止で、携帯電話や自動車などに使われるレアアースの不足問題が一時期騒がれました。とはいえ、今や技術開発が進んで多くのものが他の物質で代用されるようになったということです。さらに、レアアースを大量に含む泥が、日本の排他的経済水域である南鳥島周辺の海域で何百年分も見つかったというニュースも聞きました。こちらも環境面、さらにはコスト・技術面の問題がクリアできれば、実用化が進むでしょう。

これらの例を見てもわかるように、人間は後から後から起きてくるさまざまな問題を克服していい方向に持っていくことができる力を持っているのです。

「与件」を、できない理由にしてはいけません。その与件の中で、なんとか工夫し、努力していくうちに、こうした発見があったり、技術革新が起こる可能性があるのです。

「できない理由」があるということは、「できる方法」を見つけるヒントだと考える——そうポジティブに発想できることが大切です。

6 徒党を組まない、空気を読まない人

「徒党を組む」という言葉があります。

これは、いい意味で使われる日本語ではありません。集団になったときの人間の怖さを、私たち日本人は昔から気づいていたのです。

ところが、今は「徒党」だらけの社会ではないでしょうか。

いったい、「政党」はどうして作るのでしょう?

その存在は当たり前のようになってしまっていますが、なくても政治はできるはずです。

例えばある法案があったとします。議員たちは、その法案について調べ、妥当性、必要性を考えて賛成か反対かを決めればよいのです。

一議員が自分の考えではなく、党利、党略に踊らされる今の日本の政界で、若い優秀な一匹狼が政治家になりたいと果たして思うでしょうか。

すでにそこにある「政党」という存在を誰も変えようとせず、ずるずると同じことを繰り返しているのです。

官僚も同じく、「国益」ではなく自分たちの省の利益、「省益」優先になってしまっているケースも多いようです。

政治ばかりではありません。

学者や医師の世界でも「閥」などという言葉があります。

今、優秀な医師はどんどん海外に出ているようです。しがらみばかりで、上下関係などに左右される日本よりも、実力があれば海外で思い切り力を試してみたい、と思うのは当然でしょう。

日本では、会社内にも「閥」があることが多いのはよく言われることです。

社長派、専務派、などというように、誰につくかが昇進につながるなどというのは、本当にくだらないと思います。仕事の内容を正当に評価されれば、派閥など関係ないはずですし、もし評価が派閥に左右されるなら、そんな会社は辞めていいと思います。

「空気を読めない＝KY」。日本では否定的な意味で使われるようですが、私はむしろ「空気を読まない」ことを勧めたいと思います。

「自立した個」ということにもつながってくるのですが、自分の考えで生きることが人間のあるべき姿勢だ、と私は考えるからです。「個」を持たず無色透明、所属するグループのボスが赤と言えば赤、青と言えば青などとやっているようでは、海外でやっていけるはずもありません。

そして、逆に言えば、派閥などになじまない、つまり徒党を組まない人こそ、海外へ出てみてほしいのです。仕事が厳しくても、自分の実力がきちんと評価されることを気持ちよく感じるはずです。

7 数字にシビアである人

およそ数字というものは、あらゆることを「実行」したことの結果です。会社でもどこでも、組織である以上、一番重要なのは「計画」ではなく「徹底した実行」です。当然、実行の結果である「数字」は非常に重要なのです。

数字にこだわる、シビアであるということは、その実行の徹底度が高まることですから、企業人なら当然必要なことなのです。

私が社長を務めていた頃、トリンプでは、目標はできる限り「数字」に置き換えてもらい、各部内に「数字によって明確になっている目標リスト」を作ってもらっていました。そのうえで、システムの改善など、どうしても数字にできない目標は「数字でどうしても表せない目標リスト」に書き出してもらっていました。

いずれにせよ、これらは達成時期を明記し、毎月会議でもその進捗《しんちょく》状況を追いかけるようにして、チェックするのです。言葉による漠然とした目標ではありませんから、向き合い方が違ってきます。

会社全体、および各々の部門に必要なのは「徹底度」であり、「やり遂げる」ことが何においても重要です。結果を出そうという意志の強さで、その結果が違ってくるのです。だからこそ、「結果」を表す数字に対しては、シビアであるべきなのです。

数字はウソをつきません。改善度合いも明確に表れ、一目瞭然です。自分への「数字に裏打ちされた厳しさ」、つまりは「結果」をシビアに見る意識は、常に持ち合わせていないといけません。「目標には足りなかったけれど、がんばったからよしとしよう」というのは、ごまかしであり、甘え以外のなにものでもありません。

トリンプではいつも、「売場が通信簿」と言ってきました。やってきたことのすべての結果がそこに出ます。そして最終的には「売上」という数字に直結するのです。

『マネーボール』という映画がありました。メジャーリーグの弱小貧乏球団だったオークランド・アスレチックスのゼネラルマネージャーが、打率やホームラン数などではなく、あまり注目されない出塁率という「数字」を追いかけたのです。

ヒットだろうが、フォアボールだろうが、塁に出ることには変わりがない、あまり評価されていない選手でも、出塁率の高い選手をスカウトしてくる。すると、さほど高くない年俸で契約することができるのです。そして、アスレチックスは次第に強いチームへと変貌を遂げていく――という実話を基にした物語です。

あまり注目されない、けれども非常に大事な数字に注目して、全体の力を上げていく、マネージメントの現場においてはこうした数字を見つけ出し、徹底的に追いかけることが必須です。

さらには、先の手が打てるのも、数字にシビアだからできることなのです。

数字を見ていると、トレンドが見えてくるのです。アイスホッケーの優秀な選手は、パックが今あるところに行くのではなく、飛んでいくだろうところに行くのです。「向こうのほうに行くな」と予測し、パックが進む方向を見極めなければならないのです。

これはビジネスでいえばトレンドを読むこと。トレンドを読むには、徹底的に数字を見ることがまず基本なのです。

8 ごまかさない人

日本の会社の会議には、しばしば「玉虫色の結論」というものがあります。社長は白、副社長は灰色と言っている、現場では黄色、赤だと言っていると、次第に最後はごまかしになってくるのです。

誰の血も流れない、誰にとってもいいような美しい結論なのですが、その会社にとっては決していい決定ではありません。結局何もできない、手を打てない、具体策に落とし込めない、という三重苦です。つまり、徹底度が低いのです。

徹底した結論を出せば、どこかで血が出る、痛みを伴うものなのです。それを恐れ、ごまかすのが「玉虫色」の決着です。これは、まったくもって意味がなく、臭いものに取り敢えずのフタをするようなものです。

トリンプ時代、ある日、業界の会合に出ました。一応答えは出たのですが、その結論を何度読み返しても、「いったい何をすればいい?」という疑問が出る内容でした。

また社内でも、ある自動車会社から転職してきた管理本部長が会議でまとめたものは、すべての意見を取り入れたもので一見すばらしかったのですが、具体策にはまったく落とし込むことができないものでした。それこそ「玉虫色」。会社に厳しさがなくなっていくと、いつの間にかこんなことが日常茶飯事になってしまうのです。

会議の結果をまとめたものはすばらしく、もっともらしい。けれどよく読んで考えると、具体策に落とせない——。いろんな立場を重んじるからそうなるわけで、その場を丸くまとめようとするから結局は会社の利益にならないのです。

日本人は「美しくまとめる」ことが得意ですし、大企業ほどそういう傾向があります。けれど、これでは一見進んだように見えても何も決まっていません。

「現場に近い」こと、「悩んだら現場に戻れ」というのは、要は「ごまかすな」ということです。現場を見れば、体裁や世間体といったものを排除するしかないからです。現場から離れてしまったホワイトカラーが、会議室で言い合っているから、無難な「玉虫色」の結論になるのです。そうすると、指示を受ける側は何をしていいか、さっぱりわからない、という事態を招きます。

「何をすればいいいか」が明確なほど働きやすいはずなのに、わざとわかりにくくしているようなケースが多々あります。結局、誰も責任を取りたくないという表れなのかもしれません。みんなの意見を採り入れれば、責任の所在もあいまいになるからです。

大事なことを決めよう、と思ったら、みんなに都合のよい結論などないのです。ごまかしてはいけません。

9 うらまれても、悪者になれる人

日本人は人がいい、と言いますか、「いい人になりたがる」傾向が強いと思います。

もちろん、それはいい点でもあるのですが、何かを変えよう、思い切ったことをしようとするときは邪魔になってしまいます。

これまであったものを変える、変革するというときに、誰かに迷惑がかかる場合も多いのです。悪者にならざるを得ないのです。

今回原発事故を起こした東電のケースも、社内で誰も「悪者」になりたくないために起こった悲劇なのではないでしょうか。

自分のまわりを取り囲む環境は一見変わっていなくても、さらに外側の「その環境をとりまく環境」は絶えず変わっているもの。特にそれをグローバルベースで考えれば、動きはさらに速いのです。常に進化、変革できるようにしなくて、どうするのでしょう。

ビジネス上の判断を下すのに一番重要な基準は、「会社のために何をするか」「会社にとって一番いい結論は？」ということです。私利私欲ではありません。それがたとえどこか会社の一部の迷惑になろうと、それが一番「会社にとって」よいと考えるなら実行すべきなのです。

政治レベルで見ても、例えば、ある道路が必要だとします。それは地域の住民、経済発展のためにも必要なのは明らかなのです。が、一部の住民は騒音や立ち退きの問題で反対している。一部の人たちには「不利益」でも、その地方、ひいては国全体で見たら必要なのです。だからといって、一部の人のために建設できないでいたら、全体の不利益になってしまいます。

こんな例が、日本中でしばしば見られます。本当なら、一部の人にとって都合がいい「部分最適」ではなく、日本全体にとってメリットがある「全体最適」に持っていかねばならないはずなのですが、これは、何においても政治家、官僚がリーダーシップを取れていないからです。

沖縄の基地も、地政学的に見ればあの場所になければならないはずなのです。基地は、「どこでもいいから、あればいい」というものではないはずですが、単にそう考えるから、「基地を海外に、少なくとも県外に」という考え方につながってくるのでしょう。

中国、アメリカ、そして日本の立場・関係を考えれば、どうしても、やはり沖縄に置くしかない結論になるはずです。

政治家はそれを沖縄の人たちに、本来なら「全体最適」のことだとして納得してもらわなければならないのです。ところが、沖縄県知事、会社でいえば部長クラスの人が、政府を飛び越えてアメリカで「基地を県外に」「オスプレイを全国に分散配置」などと言ってしまっているわけです。

郵政改革を断行した小泉純一郎元首相、900以上もの改革をしたフランスのサルコジ前大統領、彼らは敵が多いタイプだったと思いますし、だからこそ思い切った改革ができたのです。

サルコジさんは敵をつくりすぎて選挙に落ちてしまいましたが、立派だったと思います。

よい案というのは、いつも出血を伴うものなのです。ですから、悪者になるのを恐れていては実行できない、と断言できます。

10 日本を愛する心を持っている人

「愛国心」というのは難しい言葉ですし、私が語るのもおこがましいと思います。とはいうものの、海外に出ると愛国心がとても大事だということがおのずとよくわかるのです。

そして、外国の人たちと付き合っていくうち、いい意味で日本への愛国心を持てるようになるのと同時に、より高い視点に立てることも重要だと考えるようになるのです。

次ページの図を見てください。

まず私たちは、会社でいえば課であったり、地域でいえば「東京」「大阪」というように、Ｉレベルのコミュニティに属しています。サッカーの試合で、東京のチームと大阪のチームが戦うとします。たいていの人は自分の住んでいる地域のチームを応援するでしょう。「東京人」あるいは「大阪人」としてです。けれど、もう少し上のⅡレベルに視点を上げて「日本人」として見れば、「東京も大阪もよくがんばってるな」と見ることができるようになります。さらに、その上にはⅢレベルで「アジア人」として、さらにはⅣレベルでは「地球人」というふうにもいえるのです。

日本とほかの国との関係で「愛国心」というと、例えば最近の領土問題でもめている対中国、対韓国への感情はよいものでなくなります。そうではなく、もう一段、二段上の、アジア人として、あるいは地球人として考えられるようにしたらどうでしょう。上に上がることのできない人を相手にしていても仕方がないのです。相手にしたと同時に自分も同じレベルになってしまいます。

私は中国大使館のそばに住んでいるのですが、今でこそ静かになったものの、一時期は

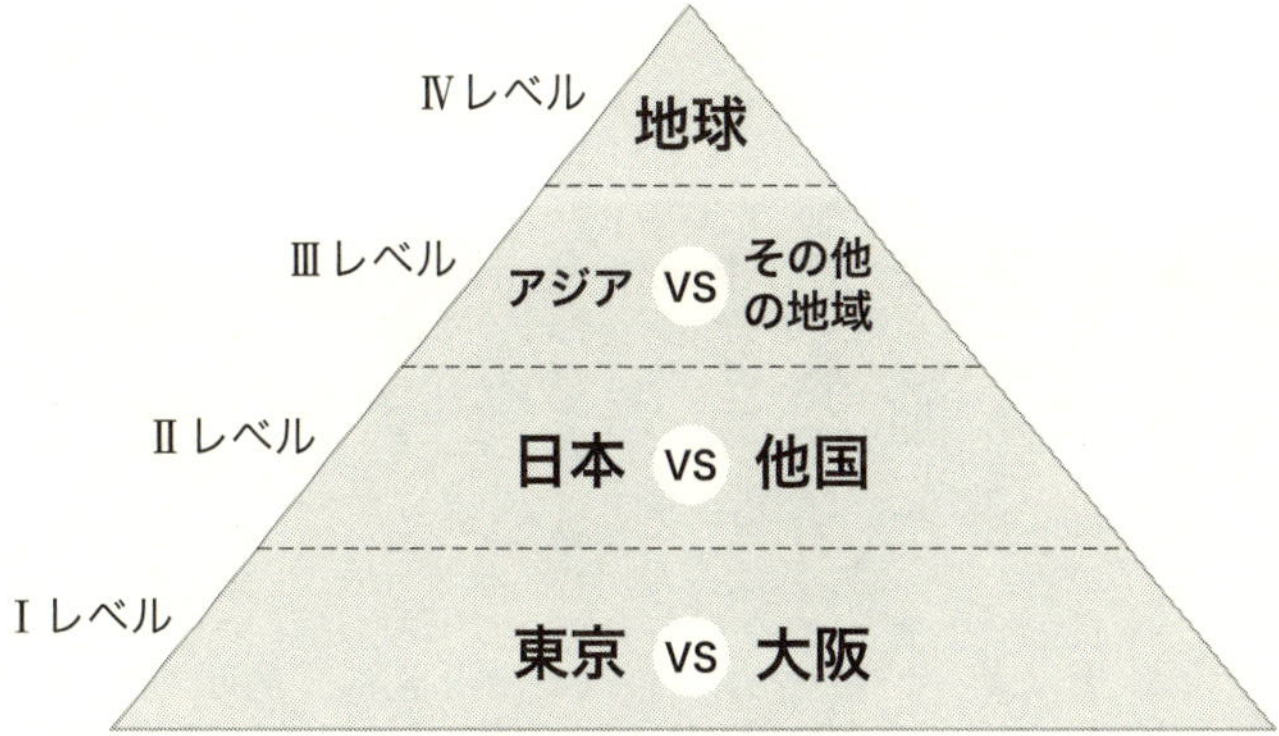

愛国心とは？

毎日毎日街宣車が来て騒いでいました。なんとレベルの低い話ではないでしょうか。さらには、あんなに街中でがなりたてるのを、なぜ許しておくのかと思いますが、日本の政治家は選挙カーで大声を出しますから同じ穴のムジナなのでしょう。同類では、やめさせることもできないわけです。

中国はＧＤＰで日本を超えたとはいえ、まだまだ発展途上の国です。もちろん日本として主張すべきことは主張していかなければなりませんが、日本は低いレベルの話に巻き込まれることなく、少なくともⅢレベルのような広い視野を持って対処していってくれたらと思います。

ドイツとフランスは、昔からたびたび戦争をしてきました。特にアルザス、ロレーヌ地方をめぐってはずっと領土争いをしてきたのです。この地方は現在フランスとなっていますが、今でもドイツ語に近いアルザス語を話す人が多くいると聞いています。

因縁のある両国ですが、第二次世界大戦後はずっと友好に努めてきました。すでに締結50年になる、１９６３年に結ばれたエリゼ条約がその中心になって、今ではどこの国同士の親密さにも負けるものではありません。先日ドイツ大使館を訪れると、エリゼ条約50周年ということでパネルが展示されていました。駐日独仏両大使の誇らしげな挨拶から始まり、両国の細やかな交流を裏付けるデータが並べられています。姉妹校の提携が約5000校、自治体の交流が約2200組、相手国を訪問する青少年の数が年間約20万人。そして、国際結婚がこれまでで約5万5000組もあるのです！　実は前ドイツ大使の奥様もフランス人でした。

戦争ばかりしてきた両国が、このようにつながる——これこそ、人間の知恵というものでしょう。お互いの国のことがわかれば、そうそう憎まなくなるものです。

私の妻の祖父はフランス人であり、戦時中ドイツ人に殺されました。しかもサリンガスで殺されるという悲惨な方法で、です。けれど妻は大学時代にドイツに留学し、そこで私と知り合ったのです。憎み続けるのは簡単なことです。けれどⅢレベルのヨーロッパ人としての立場に立って、さまざまな交流を通して相手を知ろうとするのが大人の知恵というものです。

フランス、ドイツ両国にとって、エリゼ条約とそれに基づく交流は大きな利益をもたらしました。日本と中国にも、韓国にもそして北朝鮮にも、こうした交流があれば、必然、時間の経過とともにその関係は変わってくるのではないでしょうか。戦後すでに70年近く経っての、今の状態を大変残念に思います。

海外に出たとき、日本を改めて愛する心は大事にしたいものです。そして、海外に出ればその国の人間、あるいは自分と同じようにほかの国から来ている人たち……さまざまな国籍、人種の人と会うでしょう。その一方で、Ⅳレベルの「地球人」的視野で、お互いに愛する心を持つこともまた大切なことだと思うのです。

3章

海外で暮らすと得られる10の幸せ

1 生活費が3分の2で暮らせる幸せ

海外で暮らしてみると、日本ほど物価の高い国はないということがわかります。

私は年の半分弱を南フランスで暮らします。感覚的なものですし、向こうとこちらでは生活の仕方の違いもあるのでしょうが、生活費は日本の半分から3分の2ほどではないかと思います。夏の南フランスはバカンスのため、物価が高いといわれていても、それでも日本の物価とは差があるように感じるのです。

そして物価は安いのに、食べ物でいえば、野菜、肉類、すべて味が日本のものより格段によいのです。ラム肉などはバーベキューで塩コショウで焼いただけで、日本では経験したことのない、すばらしい味わいがあります。フランスが農業国ということもあるのでしょうが、いつも家内が作る簡単なパスタ料理にしても、同じものであるはずなのにその味の差がはっきりわかります。

土地の値段も日本はとても高いのですけれど、そこに建つ家も高すぎると感じます。

一般的な東京の一戸建ての敷地面積などは、自分の東京の小さな家を考えると、フランスの一戸建てでいえば、せいぜいガレージに毛が生えた程度の広さでしょう。

しかも、その土地の上に建つ日本の家は新築のときに一番価値があり、あとは資産価値がどんどん減っていきます。フランスでは、きちんと建てられた家であれば、年を経るごとに家そのものの価値が高くなっていくので、個人の資産が減ることはありません。何百年も経った家に住んでいる人も知っていますが、改装してとても快適なお住まいにしています。

生活だけではありません、日本は何か「楽しもう」というときの経費が高すぎるのです。旅行をしても、海外旅行より国内旅行が高くついたという経験を持っている方は多いのではないでしょうか。日本でも少しずつ始まっていますが、とっくの昔から進んでいるヨーロッパでのLCCの飛行機会社の価格の安さと便利さは信じられないほどです。

宿泊でも、先日、八ヶ岳にある旅館に泊まったところ、1泊二人で6万円ほどでした。1泊2食付で、夕食にビールと焼酎を友達と少々飲んだくらいです。ところがフランスのプロバンスのホテルでは、二人で4万円少し。あまり差がないではないか、という方もいるでしょうが、そのホテルは食事が日本の旅館のようにお決まりではなく、そのホテルに付いている、ミシュランガイドで二ツ星の有名レストランで好きなものを選んで食べられるのです。それなりのワインも飲んで、この値段です。大きな差を感じてしまったことは当然でしょう。これが円高のメリットによるものと割り切るのなら、まだ高いと思われている今のうちに、日本円を外貨に換える必要がありそうです。

「日本は給料も高いから」という反論もあるかもしれません。ですが、日本では過去20年間にわたり平均年収が下がっている事実と、そして昨年までの日本円の特別な高さで換算されていることを考慮に入れてみると、今では決して世界的に見て特段高いわけではないのです。それだけこの20年ほどの間、日本はどんどんダメになり、他国に抜かれているともいえます。

道路などのインフラも、「ちゃっちい」と思ってしまいます。住宅街の道が狭く車が行き違うことさえできない、いまだ多くの高速道路でも片側2車線しかない。首都高があんなに狭ければ、慢性的に渋滞するのが当たり前です。しかも建設してからもう50年、老朽化が進んできていて、危険性も指摘されています。本来ならメンテナンスをちゃんとするのが当たり前なのに、それをずっと放置してきているからなのでしょう。

それと比べると、最近立ち寄った、ドバイのインフラ整備はすばらしいものでした。まず、街中を片側6車線の高速道路が通っているのに驚かされました。日本は都市部に近づくほど車線が減りますが、ドバイでは逆に車線が増えるのです。通行量が増えるのですから、本来はこれが当たり前なのですが、日本では土地買収など思い切った政策が取れないのです。情けないですね。

そして、市街地と空港は約15分で往き来できます。空港を出てから、本当に約15分で市内の中心にあるホテルに到着することができました。

空港は24時間発着ですし、各国を結ぶハブ空港として大変便利なので大人気です。予約を入れたときはそんなことをまったく知らなかったのですが。

ドバイに滞在した3泊のうち、2晩はオーストラリアから帰ってきたフランス人の友人夫妻と会い、一緒に行動することができました。フランスからオーストラリアに向かう場合の中継として、現在ドバイが中心になっているのです。残り1晩はイタリアに住んでいるイギリス人の元部下と食事をしました。彼はこれから南アフリカに向かう途中だったのです。

発着の電光掲示板を見ると、ドバイを本拠とするエミレーツ航空の出発便だけでも、午前2時台に16本もあるのです。夜中の午前2時台です。しかも他の航空会社の便や到着便を入れればもっと多くなるでしょう。そのうえ、発着便の多くが世界最大の飛行機、A380なのです。実際私の乗った日本行きの飛行機もA380でしたし、出発は早朝の午前2時55分でした。

いったん日本に戻ってきてフランスのことを考えてみると、フランスには、昔から蓄積されてきた豊かさがある、といっていいと思います。家を一度購入すれば、土地の価格だけが上がる可能性のある日本と違い、フランスではむしろ建物の価値が上がっていくのですから、一般の人の財産形成にとっても大変有難いことで、そういった意味で、豊かな国であると言えると思うのです。もちろん、フランスはフランスなりに、日本にはない、問題を多く抱えています。しょっちゅうフランスにいるわけではない私にはなかなかわからないことですが、フランス人の多くが指摘する、その一番の問題は、フランスに同化しようとしない、そしてその数がどんどん増えてきているアラブ系移民の問題でしょう。どこの国でも問題があるのは事実ですから、そういったことに捉われなければ、フランスでは、生活を充分楽しめるといえそうです。

2 子供にグローバルな教育ができる幸せ

最近、「帰国しない子女」というのが増えているそうです。父親の海外赴任に伴って海外で教育を受けた子供たちが、父親が帰国することになっても一緒に帰ってこないケースです。母親と子供が現地に残り、父親だけ帰ってくるのだそうです。

実際に私がフランスで知り合った日本人ビジネスマンも、15年フランスで暮らした後、妻と子供がそのまま残り、自分だけ帰国すると話していました。

こうした選択をする気持ちが、私にはよくわかります。

まず日本の教育の問題です。日本の教育は、答えがはっきりしていて○か×かという方式がいまだに主流です。しかも「ゆとり教育」などと称して、いったん教える内容を削減したものの、今では方向転換し、また元に戻す方向で進んでいます。こんなに方針がぶれていては、子供も親も混乱して当たり前です。

一方で妙な平等主義があり、「みんなで一緒にゴールする」というように、競争を嫌います。学校を出ると、社会のルールがそうであるように、競争させて優秀な人が選ばれるような制度こそが、あって当たり前です。「落ちこぼれ」ならぬ、「吹きこぼし」という問題もあると聞きました。優秀な子が、もっと高度なことを勉強したいのにみんなにレベルを合わせて進めないことを指すそうです。落ちこぼれを防ぐことも重要ですが、社会にとっては、それ以上にできる子が選抜されてどんどん高度な勉強ができるようにしてあげる配慮が必要であると感じます。

欧米の教育は、単に覚えることが大事というものではありません。とにかく「考えさせる」のです。前も紹介したように、フランスには「バカロレア」という大学入試資格試験があります。「働くということの意味」「政府がなくなったら人間は自由になるか」など、明確な答えのない問いを延々と4時間も考えさせるのです。これはもちろん試験のときだけでなく、普段から議論し、考えに考え抜かせるのです。

また、アメリカやオーストラリアなどの多くの国の初等教育では「Show & Tell」というプログラムが採り入れられているそうです。これは毎日クラスで順番に、自分の宝物を披露し、どうして大事にしているかなどを説明するものです。こうした教育によって人前で話すことを恐れなくなりますし、論理的な思考がはぐくまれていくというのです。

一昨年カンヌのイタリア・レストランの奥さんに、金沢で購入した金箔の「招き猫」を差し上げたところ、その小学生の息子さんが彼のクラスの「Show & Tell」でその「招き猫」について話をしたそうなのです。おかげで、今ではすっかり日本びいきで、まもなく日本にやってくることになっています。

アメリカに留学している友人の息子さんは高校時代、レーガン元大統領が設立した基金によるリーダーシップ養成プログラムに参加したそうです。これは学校とは別の機関で、学校の推薦で選抜された優秀な生徒を対象に、夏休みに3週間実施されるのです。このプログラムの大きな特徴は、生徒の国籍を問わないこと。アメリカに限らず、世界をしょって立つような人材を育てようということなのです。

まず、アメリカの民主主義はどのように成り立っているか、を知るために議会などを見学。友人の息子さんが参加したときは、国務長官が基調演説をしてくれたそうです。さらに、5、6人くらいのグループに分かれてディベートをしたそうです。

そのときのテーマは、1900年初頭のアメリカとロシアの大陸棚紛争についてで、資料を渡されて、アメリカ側とロシア側に分かれてディベートをしたとのことでした。

さらに優秀な生徒は大学入学後もプログラムに参加、北京に派遣されたそうです。北京大学生と交流をしたり、中国各地を見学して帰ってくるというもので、なんともスケールの大きい、先を見据えたプログラムではないでしょうか。リーダーシップがどういったものか習うチャンスがなく、完全に欠如している日本の子供たちを、どんどん送り込みたくなります。

先日、カリフォルニアの高校でボランティアをしている日本人の奥さんと話をする機会があり、こんなことを教えていただいたのです。それは、その高校でもリーダーシップを重要視していて、いろいろな機会を捉えて、リーダーシップを教えているとのことでした。そして、その基本の考え方としてあることは、「リーダーシップとはサービス」なのだと。深く考えさせられたことは、言うまでもありません。

そして昨今、埋もれていた日本の教育問題が噴出しています。

体罰や「いじめ」の問題です。

日経ビジネス編集長の山川龍雄さんが、女子柔道における体罰問題についてこのように書いています。

「柔道というスポーツがオリンピックに採用されてグローバル化した以上、世界標準の技術やルールを体得する必要があると思うからです。いつまでも『技術で勝って、ルールに負けた』と嘆いていても仕方ありません。最近、女子柔道の代表監督の体罰が問題になっていますが、これも世界から見れば、極めて異質な世界」だというのです。

さらに、山川さんは「全日本の柔道の監督に外国人を招聘《しょうへい》してはどうか」とも書いています。まさしく、私もその通りだと思います。

「形式知」と「暗黙知」という言葉があります。

経験を重ねた人が持っている「暗黙知」を、経験が浅い者に、柔道でいえば監督が選手に「形式知」としていかに伝えるか。これがマネージメントということではないでしょうか。

体罰もマネージメント力の問題です。部下と同じ立場に立って、目標なり方針について話し合う。そのうえでデッドラインを設け、進捗状況を確認し、方向が間違っていたら正す。それがうまくいかないからといって、手を出すなどというのは問題外。監督失格です。

こうしたことが日常化している学校もあるというのですから、日本の教育には疑問を感じてしまいます。

海外の教育を受けた子供たちを、今のような日本の教育に戻したいと思う親がどれだけいるでしょうか。そのまま欧米の大学に進学し、就職も世界的な企業に就職するほうが、培った能力をより生かせると考えるのは当然のことでしょう。

私の場合、息子の教育期間は日本国内で暮らしていたので、国内のフランス人学校で学ばせました。その後フランスに行ったきりでまったく帰ってこないところを見ると、同じ立場だったら、やはり息子も「帰国しない子女」を選んだに違いありません。

もちろん、帰国して帰国生の教育に実績のある学校に入学するという選択もあるでしょう。いずれにしても海外で教育を受けることで、ネイティブに近い言語を習得できる、また国際感覚を身につけることができる、という大きなメリットも享受できます。

東日本大震災のとき、被災した方々の我慢強い態度、海外から来たメディアにも大変親切にするなど、日本人の美点は海外でも高く評価されています。そうしたいい点と海外流の論理的な考え方と、いわば「二刀流」になれるのです。いわゆる、昔からいわれている「和魂洋才」ということです。

私は、大前研一さんが『最強国家ニッポンの設計図』（小学館）という著書の中で書かれていた、「21世紀の教育の目的は、どんなに新興経済国や途上国が追い上げてきても日本がメシを食べていける人材、言い換えれば、答えがない世界で果敢にチャレンジして世界のどこに放り出されても生き残っていける人材を生み出すことである。そういう人材を何人育成できるかで、今後の国力は決まってくる」という主張にまったく同感です。

国内でそういう教育ができるならば一番よいのですが、現状では海外で教育を受けるということも大いに考えてよいのではないでしょうか。

親が海外に出ることは、少なくとも子供の教育を受ける選択肢を広げます。そして教育の選択肢が広がるということは、さらに先の将来が広がるということに直結してくるのです。

3 家族とゆっくり過ごせる幸せ

私にも毎日残業、飲み会、午前さまという日本企業の文化にどっぷりとつかっていた時代がありました。

外資系の企業だったのですが、日本人社員がほとんどで、すっかり「日本病」にかかっていたのです。そんな私に妻は、「どうして日本人はそんなに遅くまで働くの？」と聞いてきました。そして、そんな働き方はやめて早く帰ってくるようにと言うのですが、その頃の私は聞く耳を持ちませんでした。

「そんなこと言われても、みんながそうだから仕方ない」と思っていたのです。妻はフランス人ですし、はっきりと私に抗議し続けましたが、日本人の奥さんの大半はおそらく「お疲れさまです」とやさしく出迎えるか、「仕事だから仕方ない」とあきらめるかのどちらかでしょう。それが男をつけあがらせるのです。

そんなある日、妻は私に、私が勤めていた会社の新しくできる香港法人への転勤を強く勧めました。日本から脱出すればなんとかなる、と思ったのでしょう。そしてそれはまったく正しかったのです。香港で、私はほぼ定時で帰って妻と過ごす生活を送るようになりました。日本で生まれたばかりだった息子も入れて、3人の生活を楽しむことができたのです。

あのまま日本にいたら、どうなっていたか。おそらく離婚して、息子も授かっていなかったことでしょう。実際、私が若いうちに知り合った国際結婚をしたカップルの多くは離婚しています。特に男性が日本人である国際結婚は難しいようです。

ところで、私の場合は外資系企業でしたが、おもしろいことに、日本の企業であっても海外に行けば本社ほどの忙しさはないこともあるのです。私の知る限り、「日本病」はほとんど治るのです。

おそらく日本では残業、飲み会だらけだったであろう企業でも、本社との連絡・打ち合わせ、あるいは特別なことがない限り、僅かな残業で帰っていました。私の知っている人の中には、日本に比べたら遥かに長い休暇を取っていた方も多くいらっしゃいました。そういった風土の海外にいると、夜の付き合いも夫婦単位になってきますし、外国人やほかの外資系企業に合わせていくのでしょう。

それでも仕事はちゃんと進みます。日本の企業でも、そのやり方さえちゃんとすれば、「やればできる」「残業はなくせる」ということなのです。

海外に行くと、家族との生活の楽しみが実感できると思います。そして、長い人生で、その楽しみを体験しておくことはとても大切なことです。もし日本に帰ったとしても、体験前より軸足を家庭に置く、少なくとも「置こう」という努力はするようになると思います。定年後、妻に「産業廃棄物」扱いされるような、さびしい生活を送らないためにも、それはとても大切なことです。

さらには、日本では余った人生という意味で「余生」と言われる老後にしないためにも、また本当の人生にしましょうという願いをこめて、私がそう呼ぶ「本生《ほんなま》」を本当に楽しむためには、夫婦間の絆がそれこそ重要であることを認識しておかないといけません。

4 日常に新たな発見がある幸せ

仕事はあくまでもゲームであり、いつか自分の人生から消えてしまう架空の空間です。もちろん、仕事をしている間は真剣に、能力をフルに使いますが、それはあくまで人生の一定期間のことにすぎないのです。

働いている間はもちろん、定年後もできるだけ多くの蓄えを持って、人生を豊かに楽しむために、今働くのです。そこに主眼があることを決して忘れてはいけません。そして、働いていれば必ずうまくいかない、「しのぐ」時期が訪れます。こういうとき、「ゲームなんだ」と頭の中で割り切ることも大切です。そのほうが、難しい局面の下で心の負担をより軽くでき、改めて元気を出してうまく乗り切ることができるものなのです。

ところが、「仕事が生きがい」「すべて」になってしまっていると、落ち込む、抜け出せない……体も心も病んでしまう、すべてが悪い方向に転がり落ちていってしまうこととなるのです。

悲しい映画を見ると、映画館にいるうちはその世界に入り込んでしまいます。ですけれど、映画が終わって、外の明るい空間に出た途端、映画の世界から現実に戻り、ほっとすることができるのです。仕事もまったく同じです。

会社を離れて、家庭という温かい空間で現実に戻り、心をいやして、ゆっくり寝て、また翌日出ていくのです。その時間を持つためにはやはり、定時で仕事を終えることがきわめて大事です。

「ワーク・ライフ・バランス」。海外の人はその「ライフ」の大切さをよくわかっていますし、その価値に対する理解が社会に浸透していますから、望めばそうした日常をきわめて簡単に送ることができるのです。

もちろん、外国にもハードワーカーはいますが、それは自ら望んで、またそれなりの驚くような報酬を得て猛烈に働く一部のトップのエグゼクティブです。彼らが部下や同僚にも同じスタイルを押し付ける、などということはあり得ませんし、彼らでさえ、家族との生活をとても大事にしています。それは、逆に、自分が生き延びるためでもあるのです。

5 フェアな競争を勝ち抜く幸せ

社会の基本は「Concours」という競争です。それなのに日本では、「競争」がいけないもののように思われる社会になってしまっているのです。

本来なら、ちゃんとフェアな競争をして、その結果負けたのなら、そういった会社は倒産し市場から消えていくべきなのです。そして会社がどんどんつぶれていく一方で、逆に新しい企業がまたどんどん生まれてくればいいのです。この単純なルールこそが、市場を活性化していってくれるはずなのです。

昔から恐竜の例をとっていわれているように、小さい会社がつぶれるのではない、環境の変化への対応力がヤワいところからつぶれていくのです。それが競争というもので、社会はおのずと健全になっていきます。

南フランスの家の近くの森を何十年にわたって見てきていますが、一見表面的には何も変わっていないようでも、よく見ていると大きく動いているのです。大きな木が倒れると、その空いた所にまわりの木が枝を伸ばしてあっという間にわからなくなってしまうのにはいつも驚かされます。こうして、森全体としては大きく変わったように見えなくとも、森を形づくる木がどんどん入れ替わることによって、森全体の活気が保たれていくのです。それは経済が活性化することにとっても同じことで、活発な新陳代謝が起こることを必要としているのです。

こうした視点からいうと、これから伸びていこうとする、新しい分野での日本のベンチャー企業数の少なさは悲しくなるほどです。そういった分野で、新しく出てきて大きく成長した企業を挙げてみてもグーグル、アップル、フェイスブックなどで、すべてアメリカ発です。

ある分野でがんばる気があるのだったら、すでにその分野がどんどん発展している所に飛び込んでいくことを考え、海外をひとつの選択肢に入れてみればいいのです。もちろん日本にいるよりは遥かに厳しいでしょうし、失敗するかもしれません。

私の知っている日本人の方で、フランスのＭＢＡを取ってから、そのままカリフォルニアに行き、起業し成功を収めた若い方がいます。日本人でも国際的な活躍をする人が出てきてくれるというのは嬉しいことです。

6 蓄積された文化を味わう幸せ

ヨーロッパは経済こそ困難な状況ですが、やはり蓄積された文化というのは得難いものがあります。美術、食、街並みの美しさ……こればかりは一朝一夕で培えるものではありません。

日本は都会から離れると、生活は一変します。都会と地方の差がありすぎるのです。トリンプの物流センターがあった関係で、静岡県掛川市によく行きました。東京からわずか200キロほど、人口約12万人ほどの掛川でさえ、夜9時を過ぎると飲み屋も閉まり、ひっそりとしてしまうのです。昼間でも駅前の通りは閑散とし、郊外のショッピングセンターが唯一にぎわっているという感じです。

フランスは、日本における東京と同じように、パリにさまざまなものが集中しているといわれます。そうはいっても、違うのは地方に行っても豊かなことです。

私が年の半分近くを暮らす南フランスの小さな町の近くには、スーパーが何軒もあり、肉や魚、果物、八百屋さんなどの専門店もたくさんあります。そして、なんと大型の冷凍食品だけを売る専門店があるのです。ここでは、ありとあらゆる冷凍食品が売られていて、ケーキやフレッシュハーブ……さまざまなものが並んでいます。

フランスでも日本食は人気ですから、味噌汁、枝豆、焼き鳥、お寿司の冷凍食品さえもそこでは売られています。もちろん、フランス人はマルシェ（市場）が大好きですから、だいたい1週間に1回開催されるので、そこでもっと新鮮なローカルの野菜や果物を買うこともできます。

三ツ星のレストランは残念ながらモナコまで行かないとありませんが、私たち夫婦が拠点にしているグラスという街から少し車を走らせれば二ツ星のレストランが3軒もあります。

グラスのあるコートダジュールには、夏場になると、昔から知っている友人たちがいろいろな国からたくさん集まってきて、お互いに声をかけ合い、一緒に食事をしたり、ゴルフをしたりして楽しむのです。久しぶりに会うので、これがまた楽しいのです。もっとも、最近では子供夫婦が孫を預けて出かけてしまうので、孫の面倒を見ないといけなくなり、自由に動けないのが彼らの悩みのタネです。

カンヌの海岸では、ほぼ毎週花火大会が開かれます。浜辺にある、きちんとしたレストランに予約すると、カーペットが敷かれた浜辺の上で、ゆっくりとテーブルとイスに座れるのです。そこでは、花火を眺めながら、すばらしい雰囲気の中でフルコースの食事とシャンペンやらワインを楽しむことができます。この贅沢を一人1万円程度で味わうことができるのです。うらやましいと思われるかもしれませんが、まったく普通の人が楽しめる娯楽のひとつです。

ヨーロッパには、蓄積された、誰でも享受できる豊かさがあります。それは、誰でも、人生を楽しむという意識が高いので、なんら特別のことでもなくなるために「楽しむためのコスト」がおのずと低くなるのだと思います。その点、残念ながら日本はまだまだだと感じます。

こうした豊かさを日常的に味わえることとは、本当の意味での「心のいやし」になることと思います。

7 成長経済の中で挑戦する幸せ

一方、発展途上国の場合には、また独特のおもしろさがあります。

私は70~80年代の香港でビジネスをしましたが、とにかく刺激的でした。

感覚的にですが、100の努力で少なくとも120、普通で150の結果が出るようなイメージでしょうか。社会がガチガチに固まっていませんから、挑戦でき、結果を出しながら活躍できるスペースが充分あるのです。

まだ水を蛇口から飲むことは躊躇するほど不衛生なところも多かったですし、食べたいものも食べられないとか、生活面では大変なことも多かったのですが、それ以上に仕事が楽しく、やりがいがありました。

70年代の香港では、メリタで大きな業務用のコーヒーマシンを無償レンタルして、そのかわりコーヒー豆を買っていただくという仕事をしていました。

その当時香港で同業のナンバーワンサプライヤーは、スイス人がオーナーのボンカフェというシンガポールの会社でした。ホテルなどに多く入り込んでいたのですが、私はその会社の得意先に営業をかけて、新しい、1台100万円もするようなドイツ製の大型マシンを無料でレンタルすることを約束していきました。すると、どんどん大口のホテルの顧客が増えていき、シェアを取ることができるようになったのです。当時そのスイス人オーナーからは恨まれましたが、のちにシンガポールのお宅に招待していただき、おいしいチーズをごちそうになったものです。

香港時代、価格交渉で粘られた覚えもあまりありません。70年代、80年代の日本はそうでしたが、動いている、活気のある社会というのはいいものです。

前述したドバイの活気は忘れられません。立ち並ぶ高層ビル、世界最大で1200店舗も入っているというショッピングセンター、もちろん旅行客も大勢いました。旅行客、働いている人々も含め、さまざまな国籍、人種が世界から集まってくるのです。

このとき私はセイシェルからの帰りだったのですが、この旅で会った人たちの国籍を挙げてみましょう。ネパール、コンゴ、ベネズエラ、コロンビア、キルギスタン、ウクライナ、パキスタン、フランス、セルビア、ニュージーランド、スリランカ、ドイツ、スペイン、タイ、ケニア、イギリス、フィリピン、チュニジア、そして日本。

どうでしょう、国籍を聞いた人だけでも、これだけ多くの国名が出てきたのです。「国際化」ではないのです。もはやドバイは「国際」そのものです。日本人はと言えば、「紀伊國屋書店」の方一人だけでした。英語を使って、こんなにもたくさんの人が活躍している、日本人もがんばらねばと感じました。

ただし、海外へ行くのが、「逃げ」であってはいけません。隣の芝生は緑に見えるものです。「国内でダメだから海外」では、うまくいくはずはありません。

海外へ進出したい、という企業の方に国内のシェアを聞くと、たいてい低いか、低下傾向にあるのです。まず国内でシェアを伸ばし、準備万端ととのえてから海外に出て行くということにしなければ、結果は火を見るより明らかです。

今までの経緯があって難しい国内の条件の下でも、なんとか挑戦してみたいという気持ちであれば、とことんやってみてください。そして一定の成果を出したうえで、自分を鍛えよう、自分の実力を試してみたいというような気持ちで、改めて海外に行くのもよいでしょう。固まっていない、今まさに成長している国に身を置くことには、たまらない魅力があります。刺激的ですし、とにかくおもしろい。何より、大きなチャンスが目の前にあるのです。

8 多角的な判断力が鍛えられる幸せ

先日、菅直人元首相の『東電福島原発事故 総理大臣として考えたこと』（幻冬舎新書）という本を読みました。菅さんは、福島第一原子力発電所の吉田昌郎所長（事故当時）と会って、はじめて「この人となら話ができる」と感じたそうです。東電の社長、副社長、フェローらとは、会っても話にならなかったと書いています。

日本という国は「現場力」がすごいと書いていますが、そもそも「現場」そのものに、答えはあります。現場にいて、現場を見て現場を重視していれば、必然的にまともな判断ができるのです。それに加えて、日本人のとにかく一生懸命働くという特性が加わって、「現場力」というものになるのではないでしょうか。

逆に、日本の弱い点は、マネージメントです。判断を下す権限を持ったマネージメントはより現場に近いところ、福島原発でいえば吉田所長のような位置に置いておかなければならないのです。ところが、物理的にも心理的にも遠く離れた社長や副社長が現場に任せず、あくまで自らマネージメントしようとするから、ダメになるのです。逐一開示されてきている東電のビデオを見れば見るほど、吉田所長の権限のなさだけが目立っていると感じるのは私だけではないと思います。しかも、マネージメントとは1＋1＝2といった、絶対的な答えの出せるものではありません。ですから、現場のことが充分わかっていることが肝心で、そのうえで、正解のない中での判断をしていかなければならないのです。とはいえ、日本のマネージャー、経営者の多くは、ロジックを積み重ね、正解のない判断をしていくということが苦手です。その結果、迷い判断を下さなくなる、会議をして「玉虫色の結論」に終わってしまう……。

こうした日本の経営者の持つ悪い点は、海外に出れば客観的に見ることができるようになります。そうした客観的視点を持つ人たちが日本に戻って経営者になって、そのおかしさに気づいていけば、変わっていくでしょう。

現場力に加えて、経営力が発揮できれば日本はすばらしい力を持つと思うのです。それには、経営者が現場のトップに権限を与え、そのうえで仕事を任せることをもっと習わないとできることではありません。

9 国や会社に頼らない自分になれる幸せ

日本人は、日本という社会の中で、気づかないうちに甘やかされています。庇護されることに慣らされてしまっているのです。

本来は、自分の生活も人生も、自分で築いていくものです。日本でも、昔は「よそさまに迷惑をかけてはいけない」とよく両親から言われたように、本来はそういう社会だったはずです。

「迷惑をかけない」というのは最低限の話。さらに、もっともっと力強く競争を勝ち抜いていかないといけないのです。海外に出れば、必然的にその競争にさらされます。

日本では、街のあちらこちらに注意書きが張られ、ユッケを食べて食中毒が起きれば生食禁止。自動車の制限速度が100キロの高速道路でも中央高速などでは80キロのところが多く、カーナビは2時間走り続けると「そろそろ休憩しましょう」と言ってくる。今はなくなったのでしょうか、昔の自動車はある一定速度以上になると「チンチン」と警告音が鳴ったものです。なんという、過保護社会でしょう。

警告音が鳴ったから、または制限速度があるからスピードを落とす。自分の頭で「どんなときが危ないのか」「どうしたら安全か」と考えなくなるのです。これでは頭がどんどん退化してしまいます。

海外に出れば、あくまで、その基本が「自己責任」、本人に任されているのです。スイスの渓谷を通るすばらしい眺めの道路は、片側が絶壁ですがガードレールがありません。フランスの道路には裏道などでスピードを落とさせるため、道路に高さが10センチもある凸部がわざと作られているのです。そういったものがありますよという表示はありますが、スピードを落とさないで速いまま突入してしまうとハンドルが取られる可能性が大で、とても危ないと思うのですが、そこも自己責任。わざわざ危ない仕掛けにして、万が一事故につながり、怪我をしても、それはあなたの責任ですと、日本で言ったらどうなるでしょう。フランスでは、あくまで「スピードを出していたお前が悪い」というわけです。同じように、速度制限するために、そこまでは2台擦れ違えたのに、急に1台分しか通れないようになっている箇所が現れます。スピードを出して進入すれば、あわや対向車と正面衝突です。また、フランスのGPSは制限速度を間違えて表示することがままあるのですが、こんなことが日本であったらすぐ責任問題でしょう。日本は１００％間違いがあってはいけない社会なのです。それはいいことのようですが、あまりに慣れすぎてしまうと自分の身を自分で守ろうとする力がどんどん弱まってしまうのです。頭も退化し、肉体も退化してしまうかもしれません。

東日本大震災の際、ある外国のメーカーの本社が派遣した救援チームがすでに12日の朝には日本に降り立っていたそうです。そのメーカーの日本子会社の工場が東北地方の太平洋岸にあり、震災の報を知って緊急チームを派遣してきたのだそうです。ところが、その日本法人はそういった緊急チームが本社サイドに存在することも知らなかったようなのです。本来あるべき危機意識の温度差が大きいと感じます。

海外に行ったら自分を守るのはあくまでも自分です。そして、国や会社に頼らなくても生きていける「しぶとさ」を得ることになるのです。

10 沈みゆく船から逃げ出せる幸せ

日本の過保護ぶりは、一度海外に出た人間から見ると、目に余るものがあります。このままでは日本人はどんどん生きる力をなくしていくのではないかと心配になります。特に、その「過保護」が当たり前の環境で育った子供たちが大人になったとき、いったいどうなってしまうのか。その危機はもう始まっています。

とはいえ、この前ドバイに行った際に、ラクダに乗せてもらえるチャンスがあったときのことです。我々夫婦とは別の車で来たサウジアラビアの家族の12、3歳の男の子がラクダに乗り、立ち上がると同時に怖がって大きな悲鳴を上げ続けるのです。結局ラクダからすぐに降りることになったのですが、「過保護」は日本だけの専売特許ではどうもなさそうです。ということは海外でますます活躍できる可能性が大きいのではないか、と苦笑しながら考え込んでしまいました。

そういった危機感を持って私は、日本という国の制度は根本から変わっていかなければばならないと考えています。すでにあらゆる面で制度疲労を起こしているのです。次の章で改めて述べますが、制度そのものが変わるには、まだこれから何年も時間がかかるでしょう。

沈んでいく船にじっと身を置いておくのか、それとも逃げ出すのか。それは一人一人自由ですが、ひとつだけはっきり言えることがあります。これまで述べてきたように、海外に出れば日本を客観的に見られるようになります。競争の厳しさにさらされます。もちろん、その結果失敗することもあるかもしれません。

しかし失敗してもいいではないですか。必ずその経験が後で生きてきます。いえ、生かすようにするのです。海外での経験を終えたとき、そこには必ず「成長」があるはずです。

4章

日本にいてはもう成功できない10の理由

1 もはや「安全・安心の国」ではない

2011年の東日本大震災は、私たちに大きな課題を突き付けました。

3月11日に震災が起き、その直後東京電力福島第一原子力発電所で事故が起きました。その週末には、私の妻はフランス人なので、フランス大使館から「緊急の仕事がない人は避難するように」という指示がメールで届きました。実際に、エールフランス計5機を東京と大阪に飛ばしました。妻はもちろん、私も希望すればフランスまでただで乗ることができたのです。日本に残ることにすると、さらにフランス大使館は、ヨウ素剤を我々に配り、「日本政府の指示があったときだけ飲んでください」と伝えてきました。

その後もフランス大使館から妻あてに数時間ごとに状況説明のメールが来ましたし、大使館には本国からスペシャルチームがやってきてすべての窓の隙間に目張りをし、屋上にガイガーカウンターを取り付けていったそうです。

そして、胸に被曝《ひばく》量を管理するための線量計をつけた大使夫妻と多くの大使館員は東京にそのまま残り、自国民を守るための仕事を続けていたのです。

すばらしい危機管理力と機動力です。


一方、日本はどうだったでしょうか。

先回りして危険性を伝え、確実に行動を起こし、自国民を守ろうとしたフランスと、「心配ない」と言い続けた日本の政府。私たち日本人のほとんどは事故が起きた後、日本政府の危機管理能力と官邸の発表を信じながらも、一抹の不安を感じざるを得なかったのではないでしょうか。

海外に避難した人を責める人もいましたが、そういう方には事故の全容を知ることができるようになった今、結果的にどちらが正しかったろうか、と聞いてみたいと思います。菅元首相の『東電福島原発事故 総理大臣として考えたこと』に書かれているように、こういったことが起こり得たという「最悪のシナリオ」がその当時すでにでき上がっていたのです。

少し長いですが、正確を期すためにそのまま転記しますと、「水素爆発で一号機の原子炉格納容器が壊れ、放射線量が上昇して作業員全員が撤退したとの想定で、注水による冷却ができなくなった二号機、三号機の原子炉や、一号機から四号機の使用済み核燃料プールから放射性物質が放出されると、強制移転区域は半径一七〇キロ以上、希望者の移転を認める区域が東京都を含む半径二五〇キロに及ぶ可能性がある」というものです。多かれ少なかれ、それに近いことを考え、家族を、あるいは自分を守るために避難した人たちは、むしろ危機意識に優れていたということができると思います。それは本来あるべき「野性味」につながっているものといってもいいでしょう。野生動物のように、できるだけ危険を避け、何をおいても生き抜こうという意識と行動力が優れているのです。

もちろん避難しようとしてもできない状況だった方もいたでしょうし、不幸にも今回の大津波の被害に遭った方、それぞれにさまざまな事情があったと思います。とはいえ、あれだけの地震の後ですから、津波が来ると判断し「できるだけ早く、とにかく高い場所へ」という強い気持ちがあれば、中には助かった方もたくさんおられたのではないでしょうか。三陸地方に言い伝えられている言葉「津波てんでんこ」は、「てんでん」、つまりてんでんばらばら、一人でもよいからまわりを気にせず逃げろ、という意味だそうです。危機管理の心構えを表したすばらしい言葉だと思います。肉親でさえも気にするなという厳しい意味も含まれているのでしょうが、一人一人がなんとしても生き残ろうという気持ちが、結局はより大勢の命を助け、一番良い結果をもたらすのだということを伝えているのです。

今回の震災後の対応をフランス政府と比べてみても、日本政府の自国民の命を守ろうとする力は非常に弱いと言わざるを得ません。避難指示が住民に的確に伝わらなかったとして、後でまた詳しく述べますが、国会事故調査委員会の報告書では、「これまでの規制当局の原子力防災対策への怠慢と、当時の官邸、規制当局の危機管理意識の低さが、今回の住民避難の混乱の根底にあり、住民の健康と安全に関して責任を持つべき官邸及び規制当局の危機管理体制は機能しなかった」と結論づけられています。

私たちは、自ら自分の命を守ろうという強い意志を持ち、そのための努力をはらっていかないとなりません。もともと世界の基本はあくまでも「自己責任」に基づいて動いているわけで、そういったことからいうと、もはや日本も「安全でも安心でもない普通の国」になってしまっていることに気がつかねばなりません。ただ、今回の原発事故の場合には政府が充分な情報を流さず、判断を下す基準になるものがないので、あとは単に自分の勘に頼って動くしかなかったのです。むしろ、今回の大災害はそういったことに気づかせてくれたと思います。

2 日本の政治は国民のためではない

原発事故の問題を見ても、やはり政府のリーダーシップのなさが「不幸中の不幸」だったと言わざるを得ません。いえ、それだけではありません、憤りを感じる話を複数の信頼できる方から聞きました。

私は当時、何人かの国会議員から「東京から避難したほうがいい」と勧められた人を知っています。また、実際にある国会議員、しかも閣僚を務める議員の家族が海外に避難していたということも信頼できる方から聞きました。

私は、事故が起こった当時、不安がる妻に、「だいじょうぶ、日本政府は当事者能力に欠けているところがあるかもしれないけれど、ウソをついたり、ものごとを隠したりはしないから」と言っていました。そういう面では、日本人が本来持つよい面を信頼していたのです。けれども、その信頼は見事に崩されました。政治家の小沢一郎氏が岩手県から逃げたと奥様から指摘されている例を挙げるまでもなく、福島原発の危機的状況を知っていた何人かの国会議員は、私たちにはわからないところで、家族を海外に避難させていたという噂を何度も聞きます。どこまで本当かわかりませんが、もっともらしく聞こえるといったほうが正直なところです。

いったい、日本の政治は誰のためのものなのでしょう。

さらに私が日本という国への信頼を持てなくなった原因は、その後の東京電力福島原子力発電所事故調査委員会（以下、国会事故調）の報告を巡っての一件です。

黒川清東京大学名誉教授を委員長とする国会事故調は、よく調査し、的確な報告書をまとめたと思います。

国会事故調は、「この事故が『人災』であることは明らかで、歴代及び当時の政府、規制当局、そして事業者である東京電力による、人々の命と社会を守るという責任感の欠如があった」と言い切っています。その全文を読めば、この大災害に遭って、何も手を打てていない、たしかに「人災」だということがよくわかります。

「（平成21〈2009〉年6月までに東電が保安院に実施すると届けていた）耐震安全性評価は進められず、いつしか社内では平成28（2016）年（1月）へと先送りされた」

「(原子力安全委員会が) 長時間にわたる全交流電源喪失を考慮する必要はないとの立場を取ってきた」

また、国際原子力機関(IAEA)では5層まで考慮されている「深層防護」(多段的な安全対策)について、「日本は5層のうち3層までしか対応できていないことを認識しながら、黙認してきたことも判明した」と書かれています。

さらには、「この地震動で、東電新福島変電所から福島第一原発にかけての送配電設備が損傷し、全ての送電が停止した。また、東北電力の送電網から受電する66kV東電原子力線が予備送電線として用意されていたが、1号機金属閉鎖配電盤(M/C)に接続するケーブルの不具合のため、同送電線から受電することができず、外部電源を喪失してしまった」と報告書に書いてあるので、東北電力の電気は実際に地震後も送電されていたのにつなげていなかったということなのです。

数え上げればきりがない、情けないレベルの安全認識が記されています。しかも、こうした安全対策の規制が導入されることになると、今まで作り上げてきた安全神話が崩れ、稼働率への影響、訴訟などで不利になるという理由で強く反対していたことが明らかになっています。

いったい、日本国民の安全をなんと考えていたのでしょうか。国会事故調が明確に述べるように、これはもう「人災」以外のなにものでもないのです。

そして、いざ事故が起きると、この国の政治家たちは国民にきちんとリスクを知らせようとせず、「事故時における発電所内での対応については、第一義的に事業者の責任とし、政治家による場当たり的な指示、介入を除く」と報告書に書かれてしまうようなレベルなのです。

さらに、原発事故を通して、日本社会、日本文化の弱点まですするどく言及している国会事故調の報告書はでき上がって両院議長に提出されたものの、国会で正式に報告がされていないということです。多額の税金と時間をかけた報告書ですが、関係者にとっては都合の悪いことだらけだからなのでしょう。政治家、官庁、東電関係者……どこからか妨害が入ったのは明らかです。

日本社会はこの一件を見てもわかるように、お金と権力がからんで、がんじがらめなのです。

この報告書には、原発関係だけでなく日本という特殊な社会全体を振り返り、国会がその実現に向けた実施計画を速やかに作成すべきとしている、7項目の提言が盛り込まれています。さらにはその付録として、国会による継続監視が必要な事項として、さらに詳細な項目が16も記載されています。

この報告書が国会で発表されず、公式に取り上げられもせずに、具体的かつ包括的に網羅された改善を誰が間違いなく実行していってくれるのでしょう。そういった意味で、今回の件で、私は本当にこの国の政治に失望しました。

私は、温暖化ガスのこともあり、もともと原発に絶対反対ではありません。どう考えても、今後も一定の期間、原発に頼らざるを得ないことは明らかだからです。ですけれど、このような国会事故調の報告書がフォローもされない状態のままで、再稼働を許すことには絶対反対です。そして、国民の安全がこんなにも軽視され、しかも改善されようとしない日本社会に頼って生きていっていいのか、と思ってしまうのです。

とはいえ、東日本大震災が起きたときに、新幹線が何両もその最高速度で走っていたはずで、すべて問題なく安全に止まることができたのも日本の優れた技術です。どうして同じことができないのでしょう。

日本人は本来、こんなものじゃないと思っています。お金や権力が渦巻く中で世の中の流れがおかしくなっているのではないでしょうか。

3 閉塞感を払拭できない

大震災、原発事故が起きながらも、政治の動きがまったくもって鈍い日本。閉塞感が漂うのはもう致し方ないことです。

なぜ政治が動かないのでしょうか？　彼らは動かなくても、失敗したとしても国会議員であり、選挙に当選しさえすればいいからです。

私は以前安倍晋三さんに期待していたのですが、体を壊して、突然首相を辞任してしまいました。そのときは、大いに期待していただけに、大変残念な思いをしました。とはいえ、病気ですから、仕方ないと半分納得したものです。

ところが今、ふたたび自民党総裁になって、戻ってきたのです。これには驚いたし、むしろ、あきれたといってもいいくらいでした。一度こういった形で辞任した人が、いい薬ができ健康が取り戻せたからといって、国の難病に指定された病気が完治しないいま戻ってくるなんて、ビジネスではあり得ないことです。いつ何時、再発するかわからない状態の人に、日本のトップの立場のストレスの多い激務を果たしてもらって、よろしいものでしょうか？　それは、安倍さんのためでもあり、国のためでもあると思うのです。

しかも安倍さんが掲げている政策の多くには賛成ですが、中には私が期待しているものとはまったく違ったものもあります。例えば、「天皇元首制」の実現を主張していますが、それがはたして今の日本に必要な政策でしょうか。天皇陛下を元首に、ということはそれなりの権力を持っていただくということです。戦前、天皇陛下に権限があったからこそ、例えばその「統帥権」が乱用され、しなくてもいい戦争に巻き込まれた一因になったのではないでしょうか。やっと戦後の時間も経ち、天皇陛下も「象徴」という立場に落ち着いてこられたところではないかと思うのです。

また、安倍さんは憲法改正して、自衛隊を国防軍にするとおっしゃっています。憲法は生きているもので、その世の中の動きに合わせどんどん改正されていかないといけないものです。そのこと自体、私は反対ではないのですが、今は問題が山積している中で、まずは解決していくプライオリティを設定しないといけないはずです。

そう考えれば、まずは20年落ち続けている経済の問題のはずです。消費税の絡みもあり、そんな簡単に景気を回復することはできません。まずはそれに全力をもって集中すべきでしょう。

安倍さんの表明した政策、いわゆる「アベノミクス」のおかげで株価上昇、円安傾向になっています。けれど、「アベノミクス」はまだ実行されていないのです。政策を打ち出しただけで、これだけの動きがあったということは、逆に「今までの政治家は、いったいどうして何もしてこなかったのか?」と言いたくなります。

そして、本当に景気回復はうまくいくのでしょうか。

最近竹中平蔵さんの講演を拝聴する機会があったのですが、大胆な金融政策、機動的な財政政策に引き続き成長政策に絡む話では、竹中さんによれば、その答えは「規制緩和しかない」というものでした。

例えば、タクシー業界です。小泉内閣時代に実施された規制緩和のため、増えすぎた、質が落ちたなどという論調によって今はタクシー台数を改めて規制し、削減に進んでいますが、私はやはり規制緩和は正しかったのだと思います。

最近、売上のよいタクシー会社の運転手の方にうかがったのですが、その会社では「売上アップのための情報」を共有するというのです。「何曜日はこのあたりがいい」

「月末のこの街はこういう動きがある」……。それなりの努力をしているから売上が上がっているのです。また、別のタクシー会社は、その会社のアイコンを自分の携帯にダウンロードして電話すると自分がいる場所がＧＰＳでわかるので、そこにタクシーを配車してくれるというサービスをしています。これは、タクシーを呼ぶ側にとっては大変便利です。

こうした「仕組み」を、タクシー会社はどんどん提供し、その会社で働いている運転手の方たちがもっと稼げるようにしていけば、会社全体としても利益アップになり、「もっと台数を増やしたい」ということになります。そうすると必然的にいいサービスをしてくれる会社が車を増やして、ダメな会社は減っていきます。淘汰されるのです。社会全体のさまざまな場所で、規制緩和が進み、こうした適正な競争のもとに活性化が起こる。これこそが竹中さんの言う、景気回復の手段だということなのでしょう。

安倍さんは、「アベノミクス」の後、ぜひこうした規制緩和を徹底して進めていただきたいと思います。

それにしても、中央高速で起こったトンネル事故は事故に遭った方々にとっては本当に気の毒なことでした。

挙句に、「修理する予算がない」というのは、いったいどういうことなのでしょう。民間であれば、何かを作ったら修理する費用というのは必ず組み込まれているはずです。マンションだって、住民の方が修繕費を積み立てるではないですか。

これから、戦後建てられた多くの建造物に修理が必要になってくるでしょう。「年金問題」といい、日本の政治は本当に、先のことを考えない行き当たりばったりなのだと、唖然としてしまうのです。

ですけれど、私たちは政治家ばかりを責めているようではいけません。政治のレベルは国民のレベルを表すといいます。

私たち自身が、こうした政治を許してきたのだと自戒しなくてはならないと思います。

4 大きく変えるリーダーシップがない

現場で働く日本人の優秀さには定評があります。この、とにかくまじめで一生懸命な国民性は誇っていいものだと思います。教育レベルも高いし、「滅私奉公」という言葉があるほどです。こういう国民性は、規格が決まっているものをきっちりその通りに作るような仕事には適しています。製造業などは、まさにそうでしょう。けれど、これからの日本は人件費が高く、単純な製造業では生きぬいていけないのは明白です。

外国から見れば日本人はチームワークがよく、生産性が高いと評価されます。その反面「個」をなくし、自分を目立たせない習性がついてしまっているのです。

その結果、まじめに働く人たちの集団を引っ張っていく人が出にくい社会になってしまっています。リーダーになる人材がいないのです。

以前日本に住んでいたドイツ人の弁護士から聞いたのですが、「パワーハラスメント＝パワハラ」という言葉があるのは日本だけなのだそうです。部下に対してリーダーシップをきちんと発揮してリードすることができないために、単に嫌がらせと受け止められてしまうようなことをしてしまうのです。

政治も含めて、今の日本の問題はリーダーシップの欠如です。トップダウンで指示が出せない、また出すことをよしとしない日本社会。その結果、大変なコストのかかる安全対策は先延ばし、何か起きた場合の責任を取る気構えもないのです。このような積み重ねが今回の原発事故を招いたといえるでしょう。

もう一度、国会事故調の報告書から引用してみます。

「入社や入省年次で上り詰める『単線路線のエリート』たちにとって、前例を踏襲すること、組織の利益を守ることは、重要な使命となった。この使命は、国民の命を守ることよりも優先され、（中略）無防備のまま、3・11の日を迎えることとなった」

日本には、失敗して責任を取ることを恐れ、思い切ったことのできない人があまりにも多すぎると思います。

現在、日本の首相は、日本国籍を持っていないといけないとされる国会議員の中から選ばれることになっていますが、もし国会議員以外からも選べるとしたら、みなさんは誰を希望するでしょう？　私は、サルコジ前フランス大統領であればいいな、と思うのです。

彼は、在任していた5年間で900を超える改革をしています。なんといっても実行力があるのです。本来必要な改革でも、そのマイナス面での影響が我が身に直接降りかかってくればいやなものです。2012年の選挙で再選されなかったのは、多くの人が何かしら改革の影響を受け、反感を持ってしまったからといわれています。サルコジさんは今は、体が空いているのですから、日本のために来て一肌脱いでくれないものかと思ったりしています。

日本に来てもらい、経済を再生させ、国の負債を減らすとかいった目標を明確にして、しがらみや情にとらわれず、改革すべきことをどんどんやってもらうのです。

かつては、こういったことができるだろうと期待した日本の政治家もいましたが、今は残念ながら、それだけの強力なリーダーシップが発揮できる人が見当たりません。みんな変えなければ、改革しなければ、と言いながらも「臭いものにフタ」の体質なのです。もう、今の日本は、あちらもこちらも「フタ」だらけです。

「サルコジ首相」は、もちろん国籍の問題で叶《かな》わないことですが、サッカーの監督と同じように優れたプロの外国人の指導者がいてもいいのではないでしょうか。そう思ってしまうくらい、日本の政治家には「リーダーシップ」がなさすぎます。

第二次世界大戦が終わって、マッカーサーが厚木の飛行場に降り立ちました。そのマッカーサーが「日本人は12歳」と語ったことは有名です。この意味は「民主主義の成熟度」を表したものだ、など、いろんな解釈があるようですが、やはり彼は、日本の社会も、当然そこに住む日本人も「幼い」という意味で表現したのだと私は思っています。素直で勤勉で、よく努力はするのだけれど、精神年齢は「12歳」。だからこそ、リーダーシップが取れる人間がおらず、小学校の学級委員程度の人材ばかりなのです。

1945年から日本は成長しておらず、一種の幼さは相も変わらず日本社会に蔓延しているのです。

違憲であるとの判断が最高裁判所で出されている国会議員の定数是正もなかなか改正できないでいます。憲法にいたっては「アメリカに押し付けられた」と言いながらも、60年以上、一度も変えることができておりません。憲法は、社会の流れに合わせ、生きたものであるべきなのです。本来なら必要に応じ、変わっていかなければいけないはずなのに、変えられないのです。

ところで、よく「押し付けられた」とされる憲法なのですが、本当にそうでしょうか。

ある弁護士が「日本人は、平和憲法のすばらしさを教わるが、占領軍が作った事実は教わらない」として、自主憲法の制定を訴えています。私は、憲法を変えるべきだと考えますが、「アメリカに押し付けられた」という言い方はもういい加減やめたほうがいいと考えます。

なぜなら一番最初に一度占領軍は、日本人に憲法を作らせようとしているからです。ところが、いったんでき上がった案は戦前の「大日本帝国憲法」とあまり変わらず、民主的なものではない、お粗末な改正案だったのです。だから、占領軍が「作らざるを得なかった」のです。しかも独立後、いくらでも改正の機会はあったはずなのに、一文たりとも変わっていないというわけです。

友人がやはり「日本の憲法は押し付けられた」という言い方をしたので、私はつい「バカヤロー、作れなかったんだ」と言い返してしまったことがあります。その後この友人とは疎遠になってしまいましたが。

同じように第二次世界大戦で負けたドイツは、自分たちで憲法を作っています。ドイツ人の友人が私にこう言います。

「自衛隊がソマリア沖でやられていたら、ドイツ軍が助けてやるからな」

憲法上「軍」を持たない日本は、馬鹿にされているのです。戦後自分たちで憲法が作れず、その後改正さえもできていない、情けない話です。

「黒船」ではないけれど、残念ながら、日本は外圧がないと変わっていくことのできない国なのかもしれません。日産もゴーン社長という強烈なリーダーによって再生しました。となると、今一度戦争に負けて、「マッカーサー」に来てもらわなければならないのでしょうか。それは、みんないやでしょう。だとしたら、やっぱり「サルコジ首相」しかないのではないかと、私は勝手に想像してしまうのです。

5 元気のない国の仕事はつまらない

政治にも企業にもリーダーシップのない日本は、高度成長が終わって以降、すっかり元気がなくなってしまいました。高度成長を支えた自動車、電機、鉄鋼……日本人は製造業には向いていました。価格が適切で、品質の良い商品を作っていれば必ず売れた時代だったからです。そして今、グローバル化が進み、それなりの品質の製品がどこでも生産できるようになった結果、国際的な企業間の競争には、ものごとの決定スピードの速さが以前にもましてますます必要となってきました。

そういった中で、判断の早いリーダーによるトップダウンがない組織は置いていかれるのみ、です。そして、置いていかれてしまった感のある日本社会にいるよりも、まだ発展途上にある若い国を舞台にしたほうが活躍できる可能性は圧倒的に高いのです。

例えば、私はリーマンショックの影響で預けていた退職金が3割ほど目減りしてしまいました。日本に支店のあるフランス系の投資ファンドに預けていたのですが、その後何年か経っても3割減ったままなので、海外の会社に預け直しました。

一方、私と同じ頃、同じ会社を引退したマレーシアの友人はやはり退職金を、シンガポールでトレーダーをしている息子に預けていました。リーマンショックのときはやはり多少減らしたらしいのですが、それ以降は毎年実績を伸ばして、今はすっかり元を取ったうえに、利益を上げているといいます。日本市場での投資であれば年10％の運用などは、絶対に無理でしょう。いかにシンガポールという国が、日本に比べ動いているか、活気があるかという証明です。

シンガポールは法人税が最高17％と、40％ほどになる日本と比べて断然安いのです。当然、企業は海外からどんどん進出してきます。そして、もともと移住者中心の国ですから、人材が足りなければ海外から呼んでくる流動性を持っています。

さらに安全、清潔な環境をきっちり保っています。

その昔には、うんざりさせるという意味のboreという単語をつけてSingaboreと呼ばれるなど、きっちりしすぎて街がつまらない、という人も多かったのですが、今ではビジネスの舞台としてはかなりおもしろいと思います。お金も人も、集まる要件が揃っているのです。お金と人が集まれば、市場は元気になる、活発に動きだすのは当然です。

私は、83年から86年にかけて、2度目の香港勤務を経験しています。当時は日本もまだ元気でしたが、その頃の香港の勢いにはそれを遥かに凌ぐ勢いがありました。

日本でいえば70年代くらいにあたるのでしょうか、高度経済成長時代のど真ん中です。まだでき上がっていない国はおもしろい。でき上がってしまって動きのない、固まっている国は、すべての分野に大企業が入り込んでしまっていますから、これからビジネスを始めるとすれば隙間、ニッチを狙うしかなくなります。

隙間はあくまでも隙間であり、正直いえばビジネスとしてはおもしろくありません。あるいはまったく新しいアイディアに基づき、既存のビジネスを食っていく手もありますが、そうそう新しいアイディアが転がっているわけではありません。

香港勤務から日本への異動を命じられて、肩を落としてすっかり元気をなくしていた多くの会社員の姿をよく覚えています。それくらい、香港という市場は刺激的でおもしろかったのです。

まだまだ若い、「活気のある」「動いている」国に行ったほうがおもしろい仕事ができる。つまりは活躍できる可能性が高いのは当たり前です。

私はもうリタイアしましたが、これから今一度ビジネスをするとしたなら、私もそういう国でしたいと思います。特に若い世代には、「元気な国に行けば、もっと活躍できるよ」と言いたいのです。

6 残業漬けから脱却できない

私はかつて、自著の中で、「日本人は『玉砕覚悟』の働き方に甘んじている」と書いたことがあります。残念ながら、この印象は今もまったく変わっていません。

日本人の会社員の多くが、夜は残業し、同僚との飲み会に付き合い、深夜に帰ります。通勤に1時間以上かかるのが普通ですから、睡眠時間はおのずと短くなります。

睡眠5、6時間ほどのぼーっとした状態のまま出社、ひょっとしてアルコールも残っているかもしれません。

睡眠不足のうえ、満員電車でさらに体力を消耗します。そんな状態で朝から効率よく働けるわけがありません。そして、また残業、飲み会を繰り返すのです。

昔の歌謡曲ではありませんが、これじゃ身体にいいわけがない。体調を崩す、あるいは精神的にまいってしまっても不思議ではないと、みんながわかっているはずです。それでも誰も抜け出せないのです。

これはもう日本人に昔からしみ込んでいる悪習で、あえていうのなら、「文化」の一部なのだと思います。自分を消して、「人と同じ」がいいという考え方、お昼どきにみんなで店を決めるときも「なんでもいい」と思わず答えてしまうことが、こうした働き方に通じているのです。

第二次世界大戦中の「玉砕覚悟のバンザイ突撃」、あの時代から、変わっていないということではないでしょうか。

こうした状態を続けていれば、家庭生活もうまくいかないのは当たり前です。はじめから、家庭に軸足を置かず、仕事、付き合いにかこつけて毎日深夜帰宅、土日は疲れて寝てばかり。これでは、退職をして、いざ家族と生活を楽しもうと思っても、遅いのです。

それまでの生活が祟《たた》って健康年齢も落ちているし、今まで目を向けなかった家族と突然向き合おうとしても反発を買います。厄介者《やっかいもの》、産業廃棄物扱いです。よく、「退職したら趣味を持とう」などと言いますが、もともと趣味は必ずしも必要なものではないのです。普段から日常の生活を妻、家族と共有していれば、退職後の生活で趣味などなくても楽しく過ごせるのです。妻と家族の爪弾《つまはじ》きにあい、家庭でやることがないとなると、それこそ、趣味でもないと長い老後の時間がつぶせなくなります。余った人生の意味の余生を過ごすこととなり、私が言っている本当の人生、「本生《ほんなま》」を楽しむことができなくなります。

退職後、「給料は要らないから、会社に出社させてくれ」と言う人もいるのだそうです。家庭にいたくない、いられないから、なのだとか。本当にさびしいことだと思います。

「そうはいっても仕事が大変なのだから仕方ない」と、おっしゃる方もいるでしょうが、これを機会に働き方を見直してみてはどうでしょうか？　本当に残業を減らす、あるいは残業なしの働き方はできないのでしょうか？

私はどうしても忙しいときは、夜しっかり寝て朝早く起きて会社に出ていました。トリンプの社長に就任して最初の10年間は、毎日7時30分に出社していました。その後、運転手さんが代わって、遠くの八王子から通って来るためにそんなに早く毎日は来られないというのです。そこで7時50分に遅らせましたが、結局その運転手さんは音を上げて辞めてしまいました。たしかに朝早いということはつらいものです。けれどペースができてしまえば、残業するよりも仕事は絶対にはかどります。

本来、会社員は「能力」を会社に売って報酬を得るはずなのですが、日本人の多くは、だらだらとした効率の悪い働き方で、単に「体力」を売っているようにしか見えません。

外国人に「仕事」の対語を聞くと、多くは「遊び」と答えます。日本人はどうでしょうか?

おそらくたいていの人は「休み」と答えるでしょう。

外国人は「能力」を使って仕事をし、「体力」は残っているから、休日には「遊べる」のです。遊ぶことによって「能力」部分をリフレッシュし、また週明けから元気に働けます。

一方日本人は残業、飲み会などのために5日間ですっかり体力を消耗してしまい、土日は寝てばかり。無理やり家族とどこかに出かけても、疲れが残っていて楽しめない。これではリフレッシュできるはずもありません。日曜の「サザエさん」の音楽を聞くと憂鬱になるのです。月曜日に出社しても、やる気がわかないという悪循環です。

仕事は長時間かけたからといって、質が上がるわけでは決してありません。期限(制限時間)を決めてその範囲内で仕上げる。どうしても無理なら朝早く出社する。これが仕事の効率だけでなく、質を上げる秘訣です。

私は、こうした「残業漬け」の生活にしてしまうのは、奥さんにも責任があると思います。日本人の奥さんはやさしいので、新婚時代、残業して帰ってくる夫に「お疲れさま」とやさしくしてしまいます。はじめに許されてしまえば、男というのはつけあがるものです。次第に残業の中に「付き合い」と称する飲み会が入り、しまいには妻以外の女の子と遊んでしまう……なんてことも多いのではないでしょうか。

本来、女性は家庭に軸足を置く特性を持っています。だから、次第に「夫がいなくてもいい」生活を築いていくことになります。長年子供や女友達との楽しみを見つけて過ごしていたのに、退職後、いきなり夫と楽しく過ごせるわけがないのです。

残業のない仕事の仕方は無条件に可能です。

「残業をなくす」というテーマの講演に招かれることも多いのですが、日本の状況はほとんど変わっていないように感じられます。相変わらずの国を挙げての「総残業体質」です。

7 女性の力を活用できない

私が長年日本人の働き方を見てきて感じたことを記してきましたが、残業漬けの働き方から抜け出しやすいのは男性より女性のほうではないかと思います。家庭に軸足を置くという本来の特性があることと、働き方を「俯瞰《ふかん》」して見ることができるからでしょう。ふと、働きぶりの「異常さ」に自ら気づき、変えることができるのです。

男性だと、こうはいきません。ですから、考えてほしいのです。仕事は「ゲーム」なのだと。

決して遊び半分でやればいい、と言うわけではありません。仕事は人生すべてをかけてするものではないのです。

1日の3分の1にあたる8時間、自分の全能力をフル稼働して精いっぱいやる。さらには、生まれてから成人するまでの20年間、成人してから退職するまでの40年間、退職してから死ぬまでの20年間、と人生を分割すれば、期間から見ると人生の半分であっても、人生の総時間でいえば、6分の1の時間にすぎないのです。しかも、仕事は退職し、本生の時期になると、ゲーム同様自分の人生とはまったく関係のないものになるのです。だから「ゲーム」としてしっかりやりましょう、というのが私の持論です。男性は、賭け事のように、「ゲームにはまりやすい」体質なのかもしれません。ゲームがすべてになってしまいやすいのです。

もちろん、女性は生活環境の変化によって、必要に迫られて働き方を変えるという場合もあるでしょう。

例えば、私の知っている30代の会社員A子さんは、結婚、出産を経て、現在ほとんど残業しない生活を送っています。彼女も独身時代は、毎晩遅くまで残業の毎日だったそうです。けれど、子育てをしながら働く状況になったとき、まず朝型の生活にしました。朝早く出社して人が少なく、静かな環境で仕事をし、夜は無条件に早く帰ります。住まいも会社の近くにしました。ですが、独身の「残業漬け時代」に比べて仕事の実績が下がったかというと、ほぼ変わっていないのです。むしろ、ヒット商品も飛ばし、充実しているようです。働いている時間で見れば以前より減っているのでしょうが、実績は逆に上がっているのです。ということは、時間が限られたがために、効率化して質がよくなっていることなのです。彼女は言います。

「仕事は、決して働いた時間で評価されるべきではありません、結果を残せばいいと思うのです」

まったくその通りです。そして、会社ももちろん彼女の仕事ぶりを認めています。こうして働き方を変えられたことは、本当にすばらしいと思います。

また、私が現役時代、取引先に勤めていたB子さんは、海外出張も頻繁で、帰国すれば残業続きの毎日でした。私がその頃「体を壊すから早く帰ったほうがいいよ」と声をかけると、「何を言ってるんですか、仕事があるんです」と叱られたものでした。勇ましい企業戦士そのものでした。

ところが、彼女は本当に激務のため体を壊してしまったのです。一時はかなりよくなかったようですが、その後友人の紹介で結婚。やはり、彼女も人生のパートナーと巡り合ったことで働き方をガラッと変えたのです。残業をなくし、今は夫との生活を大事に過ごしているそうです。それでも仕事はきちんとできているのです。

では、こうしたすばらしい働き方が男女問わず広がらないのはどうしてでしょうか。多くは、男性が邪魔をしているというしかないでしょう。彼らは自分たちが「残業漬け」生活に浸っていたいものだから、彼女たちの働き方を認めようとしないのです。

先日、働く女性向けの講演会をしたときのことです。

彼女たちはやる気があって、前向きで、こちらもよい刺激を受けました。アンケートを取ると、彼女たちの多くが「上司や男性社員に困っている」と書いているのです。

「これまで上司になった方の大半は、身を粉にして働くタイプ。同じようなタイプの部下を高く評価していると感じた」

「事業部長やCEOからは『効率化』と言われても、中間管理職が残業を減らそうとしない」

「上司から末端まで残業が当たり前、早く帰るなんてもってのほかという社風」

「遅くまで働くことをよしとする男性社員に、家庭、地域と関わることの大切さを理解させるには?」

男たちは、「結婚すると女はダメだ」「子供ができるから早退、休みが多くて困る」などなど、「自分たちの働き方」に合わせないことを否定してかかるのです。ですから、責任のある仕事を回さないようになり、挙句の果てに「女性は30代以降は伸びない」などと口にする。責任ある仕事を与えなければ、男女問わずどんな人間だって実力が伸びるわけがありません。

A子さんにしてもB子さんにしても、そういった働き方を認めてくれる会社でよかったと思います。それでも「みんながまだ働いているとき先に帰るのは、やっぱりちょっと『悪いな』と思ってしまいます」と言うから、日本にはびこる残業病のなんと手ごわいことでしょうか。

その結果、多くの女性は結婚、あるいは出産を機に退職していくことになります。数多くの女性が仕事を辞め、その後子供が大きくなった後などに再就職しようと思うと、その能力を生かせる仕事に就けることは稀《まれ》です。多くの場合はパートさんとして働くことになると聞いていますから、実にもったいないことです。

これだけ「少子高齢化」が叫ばれ、今後の労働力不足が懸念される状況で、女性の労働力をムダなままにしているのです。

日本では女性の管理職が実に少ない。先ほど記した、働く女性向けの講演会場でも、見てみると、女性の管理職はたった一人でした。その講演会は営業系の社員が主だったという要因もあるのでしょうが、それにしても世界の常識から見たら異常なことです。

最近、講演会では気をつけて見るようにしているのですが、どの会社の講演でも女性の参加者の数がとても少ないことは間違いありません。

２００３年、ノルウェーでは、上場企業の役員の女性比率を最低40％にする法律が成立しました。達成時期は別としてもフランス、スペイン、ベルギーなどの国も、同様の法律を設けています。さらに、ＥＵ全体としても欧州委員会は、上場企業の女性取締役の比率を２０１５年までに30％、２０２０年までに40％という達成目標を掲げています。これが世界の流れなのです。日本はあまりにも女性の働き方への配慮、いえ、男女問わず生活を大事にする働き方に無頓着すぎます。

最近、やっと「ワーク・ライフ・バランス」という言葉が使われるようになりましたが、まだまだ真剣に論じられているとは思えません。

8 過保護社会で新陳代謝がない

日本には、100年以上続く企業が約2万2000社もあるといいます（2010年8月時点「帝国データバンク」調べ）。

これは一見すばらしいことのようですが、私は一概に喜べないと思います。もちろん立派な企業もあるでしょうが、そこには企業間の競争がそれほど厳しくないことと「つぶしたがらない」日本の体質があるように思えるからです。

例えば、上場廃止にならなかったオリンパスや、政府の庇護のもと税金を使って生き残っている東京電力もそうです。本来なら、こうした企業は無条件にいったんつぶれて、新しい企業として生まれ変わるなり、あるいは別の企業にどんどん取って代わられるべきなのです。そこに経済の「新陳代謝」があり、ものごとの判断に対しての本来の厳しさが出てくるというものです。労働者保護といいますが、その組織はなくなっても、新しい組織で働けばいいではないですか。それは、本末転倒の論議だといえます。

ところが相変わらず「臭いものにフタ」をして、古いダメな企業をつぶさない、新しい企業が生まれない——新陳代謝がない日本経済は、閉塞感が漂うばかりです。

グーグル、アップル、フェイスブックなど、世界を引っ張るような新しい企業は、断然アメリカ発が多いのも当然です。

「臭いものにフタ」に加え、「過保護」でもあるからダメ企業をつぶさないのでしょう。この「過保護」体質はビジネスだけでなく、政治、教育、スポーツなど日本中のさまざまな分野で見られ、日本人をひ弱にしていると思います。

先日六本木のビルでエスカレーターに乗ったとき、私は驚き、そして笑ってしまいました。してはいけないことが6つも7つも注意事項として書いてあって、その過保護ぶりがすごかったからです。

まずは「歩かないでください」。けれども、そのエスカレーターの速度はあまりにも遅いのです。健康な足腰を持つ人間だったら、歩きたくなるのが当然な速度です。

次は「黄色の枠を踏まないでください」。エスカレーターのステップの周囲が黄色く塗られており、その部分、つまりステップの端を踏むなというわけです。挟まれる可能性があるからというのはわかりますが、ここまですることでしょうか。さらにエスカレーターの側面のつなぎ目には、万が一にも洋服の裾が巻き込まれないように、テープが張ってありました。どこまで過保護なのでしょう。それは何かあったとき「責任を取りたくない」という気持ちの裏返しなのだろう、とも思います。

フランスと日本の交通事情を比較しても、日本はあまりにも変化もなく、そのうえに「過保護」だと感じます。

例えば、フランスでは信号がどんどん廃止されています。一日自動車で走っても信号に出くわさないことのほうが多いのです。なぜならフランスは今、交差点のほとんどが「ロータリー」システムに取って代わられているからです。ロータリー内は一方通行になっており、フランスは右側通行なので、自動車は右側から右折して進入します。ロータリーに入ろうとするときは、左から来る自動車がなければ一旦停止せず、入ってもよいことになっています。そしてぐるりと回って、出たい道に右折して、出ていくのです。つまり、ロータリーでは、右折して入ってくる自動車よりロータリー内の自動車が優先ということです。ところが、一般の市内の車道では、逆に右折車が優先なのです。これは慣れるまで大変神経を遣います。しかも、フランスの制限速度は日本よりずっと速いのです。

郊外では70km／h、少しいい道路だと90km／h、高速道路ではないのですが、自動車専用の国道は110km／h、正式な高速道路は130km／hといったところです。90km／hの制限速度の道でも、よほど危険な所でもない限りガードレールもありません。日本では普通40km／h、高速道路でもせいぜい100km／hです。私の同級生がフランスに遊びに来た際には、慣れないこともあってレンタカーを運転して音を上げていました。

このロータリーシステムはイギリスが発祥なのですが、よいシステムだと思ったらどんどん変えていく。これがフランスのよいところです。日本は今から50年、100年経っても信号をなくさないでしょう。

フランスはなぜこのような思い切ったシステム変更が可能なのでしょう。また、速度制限なども緩いのでしょう。その基本にあるのは「自己責任」なのです。事故を起こしたらその運転手の責任。タイヤが落ちて事故が起きたとしたら、点検していなかった運転手の責任。そのルールが明確なのです。日本のように「安全処置を怠った」として自治体や国の責任、などとはなりません。

日本の行政などが「安全優先」などと言いつつ過保護にするのは、責任を取るのが怖いからという側面もあるでしょう。「注意して張り紙をしておけば責任を取らされることはない」、こんな意図が見え隠れします。

「エスカレーターを歩くな」「自動車は速度40㎞／h以下」、こんな過保護社会では、野性味もなくなるし、そこで育つ子供たちもどんどんひ弱になってしまうのは当たり前です。

子供だけではありません。高齢者も過保護にされて、つまらない人生を送らされていないでしょうか。

ある病院の高齢者介護の実態を聞いたのですが、入院している老人たちは一年も経つとほぼ全員がオシメを当てているというのです。そして自力で食事ができないようになると、「胃ろう」といって胃袋に穴を開けて管から直接食料を流し込むそうです。はたして、それで「生きている」といえるのでしょうか。病気で入院して治そうというのならわかりますが、ただ「生かされている」ために、ベッドに寝たきり、オシメをされて、管でつながれてしまうのです。少なくとも私は、こんな死に方はしたくありません。1、2年長く生きたからといってどんな意味があるのでしょう。だいたい自然界に、オシメをして生き延びている野生動物などがいるでしょうか？　とはいえ、長生きをすれば当然起きてくる、こういった事態から我々は目を背けてしまっているのも事実です。「終わりよければすべてよし」と自慢して言えるようになりたいものです。

一方、私が今、一年の半分ほどを過ごしているフランスでは、少なくとも「寝たきり」という言葉を聞いたことがありません。これは医療のあり方にもかかわってきますが、それ以上に一個の人間としてきちっとした考え方を持つことから始めないといけないのではないでしょうか？　一度、あまりにも過保護な世界に住んでいる日本人は真剣に考えてみる必要がありそうです。

本来、日本人の精神を表す「武士道」とは、「死ぬことと見付けたり」のはずです。寿命が来て死ぬときは潔く死にたい、少なくとも私はそう思います。

私のドイツ人の友達の親戚に当たるおばあさんは、寿命を悟ったとき、食べ物を断って静かに旅立っていったそうです。ドイツ人の彼女のほうが、よほど「武士道」を貫いているのではないでしょうか。

9 日本の常識は世界に通用しない

先ほどの過保護な注意書きの数々、医療の問題、働き方、いずれもそうですが、日本で当たり前とされていることが、世界ではそうでないことは本当に多いと思います。

世界標準から外れている日本の携帯電話のことを、日本をガラパゴス諸島になぞらえて「ガラパゴスケータイ」、略して「ガラケー」と呼びます。とはいうものの、よく考えてみれば、ガラパゴス諸島は、その地に棲む生物たちが特殊な進化を遂げているから珍しいとされているのです。日本も然り、この島国に住む私たち人間そのものが特殊な進化をし続けているのです。「ガラケー」は、単にその特殊な人たちに合わせて作られた道具にすぎないのです。

海外から来た人はその「特殊な進化」に驚きます。逆に日本人はその特異性に、海外に出てみなければなかなか気づくことはできないのです。

前述したように、フランス語の「試験」には、「Exam」と「Concours」という二つの種類があります。

「Exam」は、ある一定基準をクリアすれば人数に関係なく合格できる試験です。一方、「Concours」は、上位の決まった人数だけが合格する試験です。そういわれるとたしかに日本の試験でも2種類あることはおわかりになっていただけると思います。そして、日本の教育には、この「Concours」が圧倒的に少ない。社会には、本来、その「Concours」の原理に基づいた競争がつきものなのです。入学試験はあるものの、後はできないほうに合わせる教育をする日本。運動会のかけっこで、みんなで手をつないでゴールをするという話題がありましたが、フランスではあり得ません。

ある本で、「大騒ぎをする子供がいたら抱きしめてあげましょう」という文章を読んでびっくりしたことがあります。気持ちが伝わって静かになる、というのです。これには本当に驚きました。日本は、親も先生も子供に対して甘すぎると思います。本来なら厳しくある教師も親におびえて及び腰になってしまっているということでしょう。子供に対して、ダメなものはダメと叱らないでどうするというのでしょう。そうやって子供は学んで成長していくのだと思います。

「みんな一緒なんだよ」と競争なくして育ってきた人間が、いざ「Concours」の社会に放り込まれたときにはもろいものです。

「いじめ」にしてもそうです。動物でも「いじめ」はあるし、人間が集団を作るなら起こりうることです。もちろん度を越した「いじめ」に対しては対処しなければなりませんが、それに対抗できる強さを持てるよう、子供が自ら育っていくようにすることも大事なのではないでしょうか。それが今は、はじめから守ろう、守ろうとしているだけのように感じられます。

10 「方言」である日本語しか話せない

特異な進化を遂げた日本人が使う言語は「日本語」です。日本語を母国語とする人間が、世界人口の何%に当たるか、ご存じでしょうか。たったの2%なのです。世界的に見れば、日本語は本当に一部の人間だけが使う、いわば「方言」です。しかも、これから減っていくことが目に見えています。

だからこそ、近年、日本に本社を持つ楽天、ユニクロなどが会議を英語で行うという方針を決めました。ところが、この選択に批判が相次いだそうです。「日本人なのに、なぜ日本語ではなく英語で会議をするのだ」というような意見が多くありました。

しかし、日本語は世界人口の2%しか話さない言葉なのです。世界的な展開をめざす企業が、会議を英語で行うという選択はきわめて当然のことです。しかも、あくまでも社内での話で、「ビジネスの共用語」として位置づけをしているだけですから、こうした批判は過剰反応のように思えます。英語が苦手だからこそ、またそういった環境で働いたことがないので、こういうことを言いたがるのではないかと思ってしまいます。いえ、私も言いたくなる気持ちはわかります。日本人同士、英語で会議をしたら、後で結局「お前、あれ何が言いたかったんだ」となるに違いなく、それは何やら喜劇のようでお互いおかしいものでしょう。とはいえ、英語を話せない日本人に英語を習うことを強制するため、さらには英語を会社の「共通語」にするステップとして、むしろ必要不可欠なことだと確信しています。

もちろん、文化としての方言はとても大事です。日本語は大事にしつつ、政治やビジネスの場では英語が共通語になる、ということを言いたいのです。

もはや、ビジネスの場で一人でも外国籍の人間がいたら、英語で話すというのは常識です。私が社長を務めていたトリンプは、のちにスイスに本社が移り、スイスの会社に変わりましたが、もともとはドイツ系企業でした。香港駐在時代、ドイツ人だけで会議をしている間はドイツ語を使っていました。ところがそこに私が入ると、とたんに英語に切り替わるのです。私は大学時代ドイツに留学していたので、実はドイツ語のほうが得意だったのですが、「外国人が一人でも加われば、英語で話す」、これはもう暗黙のルールとなっていたのです。ビジネスの世界共通語は英語。この流れは止められないでしょうし、ますます進むでしょう。

以前は、「フランス人は英語を話さない」などといわれていました。「話せない」のではなく、フランス人は「プライドが高いから英語がわかるのに使わない」といわれていたのです。たしかに、フランスが世界を牛耳ってフランス語が世界共通語になる可能性だってあったのです。プライドがあって当たり前ですし、真実味のある説です。実際に、フランスを旅行して、英語で話しかけたのに無視された、という話もよく聞きました。

しかしフランス人である私の妻によれば、それは「いわれなき中傷」であって「フランス人はそんなに意地悪ではない」というのです。フランス語を母国語とする人にとって、英語の発音はとても難しいそうなのです。たしかに妻の母は今でも「pipeline（パイプライン）」という英語の単語をフランス語読みにして、「ピープリン」と発音します。それに、10年、15年くらい前には実際に英語を話せない人が多かったように思います。プライドや意地悪などではなく、苦手な人が多くて、恥ずかしさもあり英語で話しかけられても無視しているように思われたのだ、というのが妻の説明でした。

ところが、です。2年ほど前にカンヌで、駐車場に車を入れようとしたとき、待たされたのでインターフォンで係員に英語で聞いてみると、英語で答えが返ってきたのです。

さらに、私の後ろで待っていた自動車に乗っていた男性が話しかけてきて、私をフランス人ではないと見るや、英語に切り替えて話しだしたのです。これには驚きました。

フランス人の甥っ子は毎年夏に1週間くらい我が家に遊びに来ます。前は英語を話せなかったのですが、20歳になった今年は、私とワインを飲みながら侃々諤々《かんかんがくがく》政治、経済、さまざまな話を英語で楽しく議論しました。学校での英語教育もうまくいっているのでしょう。おそらくフランスでは、この10年で英語を話せる人の数が急速に増えているように感じます。

トリンプの香港時代のように、違う母国語の人が一人でも入ったら即座に英語に切り替える。これができる日本に本社を持つ企業が、今いくつあるでしょうか。楽天、ユニクロはその「世界的常識」を求めているだけなのです。これからは、社員にさまざまな国籍、人種が増える企業も多いでしょう。その中で活躍したいのならば、英語を話すことは必須条件です。

以前、ある老舗《しにせ》百貨店の役員クラスの方が、「英語なんてできなくてもだいじょうぶ、相手が日本語を話してくれるから」と語っていました。彼は、買い付けの部署にいたので、「お得意様」の立場。当然、相手は気を遣って日本語の話せる人材をつけてくれたのでしょう。彼は、老舗百貨店という、自分が属する「暖簾」を一般の環境と勘違いしてしまっていたのです。その「暖簾」なしでもやっていける自分をめざす、という発想はまったくありませんでした。

この本を読んでいるみなさんは、そういうビジネスマンではないと思います。会社がいつまで続くかは、誰にもわかりません。そして、会社がなくなっていざ別の仕事に就こうと思ったとき、今の時代、必ず聞かれるのは「英語ができるか」ということです。もちろん、会社は存続していても、さらなる活躍を求める人なら必須のスキルです。どの会社に行っても、あるいは一人でも、そして国内であっても世界でも通用するビジネスマンになりたいと考えるならば、英語は当然身につけるべきです。

私は、最近「超初級フランス語」という講座を受けています。妻はフランス人ですが、私と妻との共通語ははじめドイツ語、その後英語になったので、フランス語は必要なかったのです。とはいえ、今はフランスに滞在する期間も長くなり、必要性が出てきました。ネット講座で、フランス人の先生とスカイプで話すのですが、とてもおもしろい。65歳の私が、今頃フランス語を習いだした、「65の手習い」です。若い人たちが、「英語ができない」などと言うのは怠慢そのものではないでしょうか。

5章

日本を もっとよくする 5の提言

1 若い人が決定する社会

私は原発事故以来、政治に対して不信感を持っています。前はさほどではなかったと思うのですが、何かにつけ「臭いな」と感じてしまうのです。

先日私は家族を過労死で失った方々の会で講演をしました。代表の女性は、小児科医だったご主人が自殺したという方でした。

当時彼女の夫は、勤務する病院で週2回32時間労働をされていたそうです。つまり週2日徹夜勤務、月にすれば8回、しかも小児科医ですので、緊急の呼び出しも多かったそうです。そんな生活が続いたある日、自ら命を絶ってしまったのです。

彼女は「労災認定」を求めましたがはじめは認められず、過労死であると認めることと病院の責任を求め、順次裁判を起こしました。過労死認定を求める行政訴訟は一審で勝訴・確定し、病院の責任を明確にする民事訴訟は最終的には最高裁の勧告によって、和解が成立したそうです。

その会では、現行の労働基準法だけでは過労死は防げないと考え、新しい法律を作ろうと活動しているのです。署名もすでに38万名分も集め、あと一歩というところだと言っていました。

ところがです。衆議院選挙で自民党が勝ちました。会の方々は「これで法案が通るのは難しい」と話していました。なぜなら、この法律に熱心に取り組んでいたのは主に民主党の議員であり、間もなく行われる参院選でも自民党が勝つと、多分法案は通らないだろうということでした。

こういう話を聞くと、日本の政治がおかしい、「国民のための政治」ではないのか？と憤りを感じるのです。

そもそも政党とはなんでしょう？　政治家一人一人がその法案ごとに反対か賛成かを考え、決めればいいことなのではないでしょうか？　政党と徒党の差とはいったい何なのでしょう。

そして政治献金とはなんでしょう？　誰だってお金をもらったらその相手に気を遣うでしょう。「公式な賄賂《わいろ》」ということなのではないでしょうか。

アメリカなどは個人献金に限定していますが、その「個人」が「会社」を経営していたらその会社に有利になるように動いてしまわないでしょうか。

私は献金は一切なくせばいいし、選挙制度も変えればいいと考えています。まず国政選挙に出るには、地方議員、知事などの実績を必要とするのです。例えばそういう優秀な候補をまず100人選ぶ。そこから私たちが投票して50人選ぶ、というシステムです。さらに、今ほどの人数は不要であり、一院制でよいと思います。

そして議員になったからには、税金で充分な資金とスタッフを揃えるのです。その代わり少しでも献金を受け取ったらクビです。

優秀な若い人たちが、日本を引っ張っていけるようにしないといけないと思います。そのために必要なのは政治、そして選挙制度を変えることでしょう。

また、国会というのは本来「立法府」です。それなのに、国会議員が入れ替わり立ち替わり、国務大臣・副大臣として入り込んできて、行政部門まで受け持っているということがおかしいのです。行政を担当するのは、官僚です。私は行政のことを一番よく知っている官僚が閣僚を務めてよいと思っています。「毒をもって毒を制す」です。一方で、不正とかちゃんと仕事がなされているかとかの厳正な監視機関は作るべきですが、現場を知らない、「行間」どころか「行」も読めないような政治家が大臣になるからタガも緩み、省庁間の競合もあってわけがわからなくなるのです。

日本企業の多くの管理職は、単純労働者です。本来は「システム」を作る、変える、つまりは働き方を変えられる人でなくてはならないのですが、自らがツルハシを持って働いてしまっているのです。これは政治家にも言えることで、冠婚葬祭をひたすら回る、選挙カーで叫ぶでは、「単純労働者」にすぎないのです。本来なら制度疲労を起こしている日本の統治機構を根本から考え直すことができるのが政治家であるべきです。

もちろん私はまったくの素人ですから、こんな主張を述べていても抜けているところがたくさんあるでしょう。いや多分、そんなことはもうとっくに何度も議論していると言われるかもしれません。でも政治家には真剣に考え実行に移してください、と言いたいのです。日本はこのままでは三流国になってしまうからです。システムそのものを変える必要があるのはみんなわかっているのですから、真剣に考えてくれないことには困るのです。

また、前にもドバイの空港の話を書きましたが、ひるがえって成田はどうでしょう？夜間は閉まるうえに高い利用料、滑走路が少ないため到着機が旋回して待たされる、不便な立地……。成田ばかりではありません、日本国内の空港の立地には疑問符だらけです。バスで1時間もかかる空港がやたら多いと感じます。

そしてハブ空港になりきれない羽田空港。私は、LCCは成田、それ以外の航空会社は羽田、というように使い分ければいいと思います。そして成田が24時間開港できないというのなら、もう閉めればいいのです。現代の動きについていけないなら、用済みということです。大変な反対があるでしょうが、血を流す人がいることを恐れず国全体にとってよい決断ができる人。それこそが、真の政治家でしょう。

国をリードしていく政治家の責任は、ますます大きくなっているのです。本来の、「国民のための政治」がある社会になってほしいと思います。

2 トップダウンを徹底しリーダーが育つ社会

日本の企業は、会議、会議の連続です。やたら時間をかけて話し合っても、結局あちらの顔をうかがい、こちらの顔を立て、とやっているうちに何も決まらないこともしばしば。およそ、企業をはじめ、組織というものは「トップダウン」を基本にしないと、ものごとは進みません。美しくまとめはしたけれど実は何も決まっていない結論になっていたり、決まったとしてもその頃には機を逸している、というわけです。特に現代は、まわりを取り巻く経済、社会の動きが速くなっています。「トップダウン」でリーダーがものごとを決めていかないと、流れに完全に乗り遅れるのです。

私は、会社に入ってまず身につけるべきは「フォロワーシップ」だと考えています。「フォロワーシップ」とは、「上司の命令を自分で完全にやり抜く」という精神です。私利私欲を排して、会社のために徹底的に任務を遂行するのです。つまり、「トップダウン」で下った指令をやり抜く力です。

200年の歴史を誇るアメリカ最強の陸軍士官学校「ウエスト・ポイント」では、入学後まずこの精神を徹底的にたたき込まれます。「前時代的だ」と思われるでしょうか？とんでもありません。いつの時代もまず組織に必要なのは、自分のためではなくまず「上司の指示を無条件にやり遂げる」というフォロワーシップの精神なのです。軍隊というのは、その目的を遂行するために一番よくできた究極の組織でないといけないはずですから、それから学ぶことはいっぱいあるはずです。

「オリジナリティがなくなるのでは？」。オリジナリティ以前に、まず「フォロワーシップ」を体に染み込ませるのです。そして、たとえ理不尽なことが起こってもその条件のもとで最大限にいい仕事をする、突破口を開こうとするのです。「オリジナリティ」はその後から必ずついてきます。

むしろ、その「フォロワーシップ」を習わないで出てくる「オリジナリティ」は使いものにならないのが普通です。ちなみに「ウエスト・ポイント」は、マッカーサー、アイゼンハワー、また、「コカ・コーラ」社など大企業の経営責任者を数多く輩出しています。

「リーダーシップ」と「フォロワーシップ」はセットですが、日本では、少し上司に頼りがちである点を除けば「フォロワーシップ」はよいとしても、「リーダーシップ」が育ちにくいといわれます。競争させない、ほかの人と同じことをよしとする教育のせいもあると思いますが、まわりを気にする、調和を重んじる国民性もその要因なのでしょう。

勤勉で働き者で、日本人は「労働者」としては本当に優秀ですし、国際的にも高く評価されています。ただ、その優秀な労働者たちをトップダウンで引っ張っていけるリーダーが不在なのです。これが日本社会で長く続く閉塞感の、大きな理由だと思います。

1999年、瀕死の日産自動車にカルロス・ゴーン氏がやってきました。当時、日産自動車では根本的な経営の立て直しの案を練っていたそうです。ただ、結局は、それを実行させるだけの力を持つ組織ができてこなかったのです。やってきたゴーン氏に、その案を見せ、検討してもらったところ、「さらにもっと一層厳しいものにして、これはそのまま実行」とGOサインが出て、その案は実行されていったとお聞きしたことがありました。その結果、見事に経営が改善したのは、みなさんもご存じでしょう。

つまり日産自動車には、すばらしい技術も、改革案を考えられる優秀な人材もいたのです。ただ、組織のトップに、それをトップダウンで素早く実行できるだけの力量あるリーダーがいなかったということです。

もちろん日本人でも優秀なリーダーはいます。例えば、京セラの創業者である稲盛和夫氏は、2010年会社更生法が適用された日本航空の会長に抜擢《ばってき》され、短期間のうちに経営再建を果たしました。

電機業界でも、軒並み経営悪化のニュースが続いています。パナソニック、NEC、シャープ……。さびしい話ですが、これもリーダーシップの問題なのです。ある電機メーカーで講演した際、工場の方がぼやいておられました。「本社で何も決められないのだ」というのです。完全に大企業病です。それなら、稲盛さんを送り込めば、間違いなく再生します。とはいっても、稲盛さんの体はひとつ。では日本は、なぜ稲盛さんのようにリーダーシップを取れる人間をもっと育てないのか？　単純にそう思います。

その稲盛さんご自身も、「日本にはリーダーが少ない」とインタビューで答えておられました。

私は教育の根本から見直さなくてはならないと思います。それには時間もかかるので、アメリカのプログラムのように、学校とは別にリーダー養成を念頭に置いた教育をすることも考えられます。ただし、その教育ができる人材が今の日本にどれだけいるのか、という懸念はありますから、いっぺんにできるようにはならないと思いますが、どこかで始めていかないといけないことは言うまでもないことです。

また、組織のトップ、あるいはひとつの部門の責任者などには、もっと権限を与えるべきだと思います。仕事を任せるのが基本です。日本には、「根回し」や「顔を立てる」という言葉があることからもわかるように、トップにフリーハンドで権限が任せられないケースが多いのです。その最たるものが内閣総理大臣・首相でしょう。議院内閣制であり、国会議員から首相が選ばれるという今のシステムでは思い切った政策ができないようになっているのです。

言うまでもなく、私はアメリカだけではなく、多くの国がすでに採っているように、首相公選制にすべきだと思っています。そのうえで4年なら4年と一定期間、隣の韓国なら5年、中国なら10年のように長い期間ですが、より大きな権限を渡したうえで、任せるのです。日本の首相はこの20年で19代14人が務めています。そのうち小泉首相がおよそ5年半ですから、残りの首相は平均1年そこそこで代わっていることになるのです。1885年の初代首相伊藤博文から数えて130年弱の間で、安倍首相で96代目にもなるのです。やはり1代で平均1年とちょっとほどしか務めていないのです。ですから、これを見ても、この制度自体はじめから機能していないといえます。

その短い首相の期間に、さらには内閣改造がありますから、大臣になると、もっと短い任期で終わっているのです。そんな1年にも満たない短い期間で、大臣としていったい何ができるでしょう、何を変えられるでしょうか。逆にいえば、国はどう変わっていけるのでしょう？

法律が許すならば、サルコジ前大統領のように強烈なリーダーシップを発揮できる人物を招きたいところです。ゴーン氏が日産を立て直したように、改革に改革を重ね、日本を立て直してくれると思うのです。情けない話ではありますが。

それができないのならせめて、まったく実力がわからない政治家が突然首相になるのではなく、国民が候補者を見て、首相を直接選べる首相公選制の実現を望みたいものです。制度疲労を起こしている日本の政治形態そのものを、政治家は目先のことで走り回っているのではなく、今大きく変えないといけないと思っているのは私一人ではないはずです。首相公選制はそのほんの一部にしかすぎませんが、これが唯一日本の生き残る道につながると思っています。でも、誰がそのように変えていけるのでしょう。

3 笑いがあふれる社会

ユーモアの効用を否定する人はいないでしょう。なんといってもその場の空気を和らげますし、健康にいいという研究結果もあります。免疫効果を高めたり、血糖値が下がったり、ストレスを和らげる効果が発表されています。

ユーモア、と簡単にいいますが、人を笑わせることはけっこう難しいことです。誰かの身体的特徴をあげつらったり、傷つけるようなことはもってのほか。それはただの「悪ふざけ」でしかありません。

私はよく、フランスで妻の親戚たちから仕入れたジョークを使いました。男女関係のジョークが多いのでTPOは選ばなくてはなりませんが、最近ドイツの友達からこんなジョークが送られてきました。

老夫婦の話です。奥さんが久しぶりに会った女友達に最近、御主人が倒れたことを話しているのです。

「旦那に地下室から、お昼の料理に必要なポテトを少し取ってきてほしいと言ったら、いつまでも地下室から戻ってこないの。いつものように遅いので、怒って地下室につながるドアを開け、電気を点けて下を見たら、なんと旦那が倒れていたのよ」

「それは大変!! それでどうしたの?」

「仕方ないからポテトを諦めて、パスタを茹でたのよ」


男にとってはちょっと怖いジョークですが、けっこう笑ってもらえました。

またはデーブ・スペクターさんよろしく、駄洒落《だじゃれ》でもなんでも言ってみてはどうでしょうか。ウケなくても次第に慣れていくうち、10回に1度くらいは笑ってもらえるかもしれません。とにかく、明るい雰囲気が大事なのです。

ともかく、パーティでも会議でも、日本人は堅苦しいことが多いようです。会議であれば、もちろん真剣に考え、話さなくてはいけませんが、合間にちょっとジョークを挟む余裕が大事なのです。その余裕が、まわりの雰囲気を変えて、いい方向に向かっていくことも多いのです。

4 定年後の夫婦が楽しく暮らす社会

仕事はあくまでもゲーム、軸足は生活に置くべきです。こういうふうに書くと、「仕事は二の次なのか？」と反発される方もいるでしょう。でも、ここでもう一度考えてみてください。いくら仕事が生きがいだといってもそれはあくまでも「期限付きの生きがい」なのです。いつか仕事を終えるときが来ます。私はゲームだからといって、いいかげんでいい、と言っているわけでは決してありません。むしろ、ゲームだからこそ時間を決めて徹底的に、全力を尽くして、そして勝つように働いてきました。

問題は、軸足、「アイデンティティをどこに置くか」ということなのです。私は人間としての幸せを得るためには、「生活に置くべき」だと考えるのです。

私は前の会社を辞めた同年代の友人たちと、「仏の会」なる会を作っています。私たちの世代の多くの男性は、仕事漬けの毎日を送ってきた人がほとんどです。「家族のため」と言いながら、残業はまだしも、仲間同士の飲み会もよくあるはずです。週末も接待ゴルフという方も多いでしょうし、そうなると家にいても疲れてしまっていてゴロリ。これでは、家族との時間がほとんど持てない毎日です。そしていざ定年になったとき、何をしていいのかわからない、家族とどう過ごしていいのかわからない、家族にとってはその存在が迷惑な「産業廃棄物」となってしまうのです。家族は、もう夫、父親のいない生活に慣れきっていますから、それぞれに楽しくやっています。となると、彼らはまた、居場所のあった会社に戻りたがるのです。「給料がなくてもいいから出社させてくれ」と言いだす人もいるそうです。また、かつて付き合いのあった取引先や同僚に対して、「あんなによくしてやったのに冷たい」と言いだす始末。そこで、仲間と作った「仏の会」は、「会社を辞めたのだから、そういう『煩悩』を捨てて成仏しましょう」という男たちの集まりなのです。

先日、私は妻と伊豆のあるホテルに宿泊しました。日曜の夜、妻と一緒に食事をしていて、ふとあることに気がつきました。日曜の夜なのに、女性二人か女性だけのグループで来ている方が非常に多いのです。年恰好から、みなさん独身という感じではありませんでしたし、おそらく夫を家に置いて週末に泊まりの旅行に出てきているのでしょう。この日はたまたまかもしれませんが、おそらく夫と食事や旅行や、さまざまな楽しみを共有してこなかった、そしてこれからも共有することをあきらめてしまっている方々なのだろうと思われました。

こうした情景を見ていた妻がこう言いました。

「そういう家庭環境で育った日本のお子さんたちが将来、結婚して家庭を作るということに憧れるかしら？」

言われてみて、思わずうなずいたのですが、子供が少なくなってきている要因は、こんなところにも潜んでいるのではないかと思います。昔から、家庭教育が大事ということがよくいわれます。従来は、あくまでも学校の勉強以前にまずは家庭で「しつけ」が大事だという意味でいわれていたでしょう。けれど、まさに今、「家庭の、そして人間の本来のあり方」についての教育が必要になってきているのではないかと思います。

人間の本来のあり方、幸せはどこにあるのか？　それは人と人とのつながりであり、その基本となるのが夫婦であり、家族なのではないでしょうか。

産業廃棄物になった男たちは、会社を辞める前に「趣味を作れ」と言われます。もちろん、時間ができるわけですから、趣味があるに越したことはありません。とはいうものの、それ以前の働いていた時代から、家族と過ごし、生活に軸足を置いていれば趣味は絶対的な必要条件ではないのです。そして、家族と過ごす、日常生活を楽しむ時間を持つためには、現役のときにその働き方を変える必要があります。

もう一度言いましょう、仕事をしている年月は約40年、人生80歳のほぼ2分の1です。そこに生きがいを感じたとしても「期限付きの生きがい」です。

子供たちが巣立った後、一緒に過ごすのは夫婦。パートナーとの生活を楽しめるように、日常を築いていくのです。日本人の夫婦は、子供ができると「お父さん」「お母さん」と呼び合うことが多いですね。これについては、「子供を基準としたほうがより関係性の安定度が高いからだ」という説を読みました。いわゆる「子はかすがい」といわれている状況です。たしかにわかるのですが、その「安定」が夫婦関係をなおざりにしてはいないでしょうか。私は、せめて夫婦二人だけのときは、妻は妻、夫は夫、名前で呼び合うべきだと思います。

そして、どんなに相手のいびきがうるさかろうと、一緒に寝ることです。寝室を別にしてしまったら夫婦はおしまいだと思っています。夫婦は、とにかく行動を一緒にすることが大事なのです。

本来「結婚」とは、男性には向かない制度だと思います。野生のオスはなるべくたくさんの子孫を残そうとしますから、多くのメスと交わりたい。対してメスはあまり多くの子供は産めませんし、子育てを安定した環境でしなければなりませんから、オスをつなぎとめたい。けれど人間は野生動物ではありません。そこで、現在の人間社会を円滑にするために、「結婚」という制度があるのです。そしてその制度を選択したからには、その関係を私は楽しむべきだと思うのです。ですから、妻といい関係を築きたい。そのためには、とにかくなるべく行動をともにすること。また、「気に掛ける言葉」と「共感する言葉」を大事にしています。「大変だったね」「今日はどうするの?」など、相手の日常を気に掛ければ自然と出てくる言葉です。

日本では「亭主元気で留守がいい」などという言葉もありますが、ヨーロッパで奥さんたちに言ったら「信じられない」と言うでしょう。「だったら離婚すればいいのに」と。

こうして生活を共有していれば、定年後の生活も夫婦で過ごす、楽しく充実したものとなるはずです。人生が豊かになり、日本全体もハッピーになっていくと思うのです。

5 「帰国人」がリードする社会

日本社会は今、かつてないほどの閉塞感に包まれています。

日本人というのは概してまじめで勤勉、そして「いい人」ですから、みんな「このままではいけない」とは考えています。ところが、集団、組織になると、「いい人」だからこそ何も変えられなくなってしまう。周囲に気を遣いすぎるからです。

改革とは、それまでのやり方を大きく変える、正確にはひっくり返すくらいのことをするのですから、イヤがったり、困ったりする人は必ず出てくるものです。みんながバンザイする改革など、あり得ません。しかし、いわゆる一部の人たちである「抵抗勢力」が出た時点で、その人たちの意見を取り上げようとして、改革へのエネルギーが萎えてしまう例のなんと多いことでしょう。みんなの意見を採り入れて、玉虫色の結論になり、結局のところ何も決められない、何も実行できない、という結果になるのです。

私はトリンプ・インターナショナルの社長として、いやというほどそういった状況に陥りかねない場面に遭遇してきました。

日本人の特異性はこれまで述べてきましたが、「日本の常識」がいかに世界の非常識であるかは、その文化の中にいる分には気づくことができません。やはり、一度海外で暮らす、働いてみることが必要だと思います。

海外に出て、そのまま海外に暮らし続ける人もいるでしょうし、日本に戻ってくる人もいるでしょう。日本がよくなるためには、そういう「戻ってくる人」に大いに期待したいと思います。

海外から客観的に日本を見た経験がある人たちは、その「特異性」を把握することができます。

例えば、国会事故調の委員長は黒川清さんという、海外で医師として活躍されていた方です。黒川さんは東京大学卒業、同大学院で博士号を取得した後渡米しています。最終的には、カリフォルニア大学ロサンゼルス校医学部で教授を務め、10年以上もアメリカで活躍されたのち、帰国されています。

海外から日本を俯瞰した後だからこそ、こうして日本の組織のあり方を客観的に批判できる報告書がまとめられたのだと思います。英語版報告書の中で、「今回の原発の問題は日本の文化に根ざしている」としたところ、一部の海外のメディアからは、「それなら、リーマンショックもアメリカの文化のせいか？」と批判されたそうですが、まともな日本人ならその深い意味がわかるはずです。同じような事象が身近なところで、大なり小なり繰り返されているのですから。

こうした、「帰国子女」ならぬ「帰国人」がどんどん増え、活躍すること。これがこれからの日本にとって必要なのではないでしょうか。

楽天社長の三木谷浩史さん、ソフトバンク社長の孫正義さんなどは、多くいる「帰国人」の中でも筆頭です。これら2社が、今日本を代表する元気な企業だということは誰もが認めることでしょう。

三木谷さんは社内の「公用語」を英語にするなど、世界的企業になることを前提とし、アグレッシブな経営をしています。ところで、この英語化に関しても、日本では批判が多いのですが、日本にある本社を、そのまま将来も世界の本社にするのなら、無条件に必要なことです。一人でも外国人がいたら、会話を英語に直すのが当たり前と、前にも私の香港での経験に基づいてお話しいたしました。

それとは逆に、私が社長として働いていたトリンプ・インターナショナル・ジャパンでは、そもそも外資の日本での出先機関で、日本で営業をするのが目的でしたから、働いている外国人すべてに日本語を話すことを強要していました。もちろん、英語を話す必要のある部門の人たちが、英語を話すのは当たり前ですが、それ以外の人たちはまさに営業をするための「日本語の達人」だけが集まっていました。

もう一人の孫さんのリーダーシップは、すでに有名です。ツイッター上での顧客の質問や意見に対して、孫さんが「やる」と言ったら即座に「やる」のです。とはいえ、ユニクロの柳井正さんみたいに日本の風土の中で大きく育ってこられる方もいらっしゃいますが、より苦労されたはずなのです。ご自分で習うこともよいのですが、海外を経験することは、大学で必要なことを学ぶのと同じような効果があると思うからです。

いずれにせよ、もっともっと彼らのような人材が増えてきたら、日本はガラパゴスではなくなります。「帰国人」の常識が、日本の非常識を打ち破るのです。そんな日が近い将来実現してほしいと思います。ですから、みなさん、躊躇せず、さあ海外へ飛び出てみましょう。

〈著者プロフィール〉

吉越浩一郎（よしこし・こういちろう）

1947年千葉県生まれ。ドイツ・ハイデルベルク大学留学後、72年に上智大学外国学部ドイツ語学科卒業。その後、極東ドイツ農産物振興会、メリタジャパン、メリタ香港の勤務を経て83年にトリンプ・インターナショナル（香港）に入社、86年よりトリンプ・インターナショナル・ジャパンに勤務。92年に代表取締役社長に就任し、19年連続の増加増益を達成。毎朝8時半からの「早朝会議」「ノー残業デー」「がんばるタイム」の導入、「即断即決」などのユニークな仕事術で話題となる。2004年には日本経済新聞社『平成の名経営者』100人の1人に選出される。06年にトリンプの社長を退任、吉越事務所を設立。08年、第37回ベストドレッサー賞〈政治・経済部門〉を受賞。現在、東京と、夫人の故郷である南フランスの二か所を拠点として、広く講演活動、執筆活動などを行う。著書に『「残業ゼロ」の仕事力』（日本能率協会マネジメントセンター）をはじめ、『吉越式利益マックスの部下操縦術』（小社）、『デッドライン仕事術』（祥伝社新書）、『ほんとうは仕事よりも大切なこと』（プレジデント社）など多数。

日本人は日本を出ると最強になる
海外で働こう、学ぼう、暮らしてみよう！
2013年4月25日　第1刷発行

著　者　吉越浩一郎
発行人　見城 徹
編集人　福島広司

GENTOSHA

発行所　株式会社 幻冬舎
〒151-0051　東京都渋谷区千駄ヶ谷4-9-7
電話　03（5411）6211（編集）
03（5411）6222（営業）
振替00120-8-767643
印刷・製本所：中央精版印刷株式会社

検印廃止

ISBN978-4-344-02379-6　C0095
幻冬舎ホームページアドレス　http://www.gentosha.co.jp/

この本に関するご意見・ご感想をメールでお寄せいただく場合は、
comment@gentosha.co.jpまで。